EMPEREURS

DES

GAULES

A PARIS

Au bureau de la *Revue numismatique*, chez MM. ROLLIN & FEUARDENT,

12, rue Vivienne;

Et 27, Haymarket, Londres;

Et à la Librairie A. FRANCK, 67, rue Richelieu.

RECHERCHES

SUR

LES EMPEREURS

QUI ONT RÉGNÉ DANS LES GAULES

AU IIIᵉ SIÈCLE DE L'ÈRE CHRÉTIENNE

PAR

J. DE WITTE

bre de l'Institut (Académie des inscriptions & belles-lettres)
nie royale des sciences, des lettres & des beaux-arts de Belgique
De l'Institut archéologique de Rome
Correspondant de l'Académie pontificale d'archéologie
De l'Académie royale des sciences de Berlin
a Société impériale des antiquaires de France, &c., &c.

Nam per decem annos ingenti virtute ac moderatione
usus, & dominantes hostes expulit : & perditas provincias
in pristinam faciem reformavit.

OROSIUS, VII, 22.

LYON

IMPRIMERIE LOUIS PERRIN, RUE D'AMBOISE, 6.

M D CCC LXVIII.

AVIS AUX LECTEURS

Je donne aujourd'hui au public quarante-neuf planches gravées avec le plus grand foin par M. Léon DARDEL, dont tous les numifmatiftes connaiffent & apprécient le talent. Ces planches contiennent les monnaies frappées par les Empereurs qui ont régné dans les Gaules au troifième fiècle de l'ère chrétienne. Ce font POSTUME (258-267), VICTORIN (265-268), LAELIANUS (266-267), MARIUS (267), TÉTRICUS PÉRE & TÉTRICUS FILS (268-273).

A ces quarante-neuf planches, je joins la defcription des monnaies aux effigies de ces princes.

Une feconde livraifon contiendra les commentaires hiftoriques & les recherches deftinées à fixer la chronologie; à ce texte feront jointes les infcriptions & plufieurs planches de fupplément.

En 1864, j'avais réuni les planches de l'atlas & j'en avais offert un exemplaire à feu M. Profper Dupré, avec la dédicace que je reproduis ici.

A M. PROSPER DUPRÈ

L'idée de cet ouvrage vous appartient; c'eſt vous qui m'en avez fourni les éléments, c'eſt vous qui m'avez engagé à l'entreprendre. Inſcrire votre nom à la première page de ces recherches eſt pour moi une faveur dont je ſens tout le prix. Daignez, Monſieur, avec cette bienveillance que vous m'avez toujours montrée, agréer la dédicace de ce livre, comme un témoignage public de reconnaiſſance, & comme l'expreſſion des ſentiments de reſpectueuſe affection que je vous ai voués.

25 juin 1864.

J. DE WITTE.

DESCRIPTION DES MEDAILLES

AVERTISSEMENT

La defcription des pièces rares eſt fuivie de la mention des collections dans lefquelles elles font confervées.

Les pièces communes ne font fuivies d'aucune mention fpéciale.

Si on ne nomme qu'une feule collection, c'eſt que l'auteur croit la pièce unique ; deux, trois, quatre mentions indiquent le degré relatif de rareté des pièces.

Lorfqu'on indique : Cabinet de France & autres collections, c'eſt que la pièce n'eſt pas très-rare & que le nombre des exemplaires confervés dans diverfes collections eſt inconnu à l'auteur.

On a décrit toutes les médailles qui fe trouvent dans l'ouvrage du père Anfelme Banduri (*Numifmata Imperatorum Romanorum, a Trajano Decio ad Palæologos Auguſtos*, Lutetiæ Parifiorum, 1718, 2 vol. in-fol.), & dans le fupplément publié par Jérôme Tanini (*Numifmatum Imperatorum Romanorum a Trajano Decio ad Conſtantinum Draconem ab Anfelmo Bandurio editorum Supplementum*, Romæ, 1791, in-fol.), & cependant il eſt prefque certain que plufieurs des types décrits par Banduri ont été mal obfervés & un grand nombre de légen des mal lues, furtout quand cet érudit cite le recueil de Mezzabarba. (*Romanorum Imperatorum Numifmata a Pompeio Magno ad Heraclium*, Mediolani, 1683 & 1730, in-folio.)

Quant aux médailles d'or du Cabinet de France, difparues lors du vol à jamais regrettable de 1831, les empreintes de Mionnet ont permis affez fouvent de les faire graver dans les planches ; d'autres fois, il a fallu fe contenter d'une fimple defcription, les pièces volées ne s'étant retrouvées dans aucune autre collection, parce que c'étaient des exemplaires uniques.

Plufieurs des collections citées dans la defcription des médailles ont été vendues & difperfées depuis que ces recherches ont été commencées.

Quant aux pièces de fabrique barbare, aux médailles furfrappées fur des pièces plus anciennes & qu'on rencontre fréquemment, pour le règne de Poſtume, dans les grands & les moyens bronzes, on comprend que l'auteur n'a pu faire qu'un choix reſtreint & mentionner quelques exemplaires. Il exiſte des milliers de pièces de bronze à l'effigie de Tétricus, de fabrique barbare, & qu'on a continué de frapper longtemps après le règne de ce prince. On en trouvera une férie dans les planches XLI-XLIII.

Les médailles font rangées, à peu près, d'après l'ordre alphabétique des légendes tracées au

revers ; toutefois, à chaque règne, les effigies impériales répétées fur les deux faces de la médaille
font mifes en tête des autres types. Cette claffification eft peu fcientifique, mais il était difficile
d'adopter un autre ordre dans les planches ; les recherches hiftoriques où font difcutés & exa-
minés les faits de chaque règne, remettent à leur place les médailles qui portent des dates ou
qui font allufion à des événements.

On a eu foin d'indiquer les coins fabriqués par Becker, qui s'eft plu tout particulièrement à
multiplier les contrefaçons des monnaies frappées au nom des empereurs qui ont régné dans
les Gaules.

POSTVME

(258-267 après J.-C.)

N° 1. — IMP. C. POSTVMVS P. F. AVG. Buſte radié à droite.
℟. Même légende rétrograde & même buſte radié incus à gauche.
Billon.

N° 2. — IMP. C. M. CASS. LAT. POSTVMVS P. F. AVG. Buſte radié à droite.
℟. Même légende & même buſte radié à droite.
Grand bronze. — Cabinet de France.

2 '. — IMP. C. POSTVMVS P. F. AVG. Buſte radié à droite (1).
℟. Même légende, même buſte.
Billon & petit bronze.—Collection Goſſellin, *Cat.*, n° 1177.
— *Cat. d'Ennery*, n° 1951.

N° 3. — IMP. C. M....... Tête radiée à droite.
℟. Sans type.
Moyen bronze. — Collection de l'auteur.

N° 4 — POSTVMVS AVG. Buſte de face.
℟. POSTVMVS AVG. Buſte caſqué à gauche. Le caſque eſt orné d'un bige à gauche & d'une tête de bélier.
Or. — Cabinet de France. — Caylus, 946.

Il exiſte un coin de Becker avec le buſte lauré à droite.
℟. Buſte caſqué ſans ornements, à gauche, & portant la légende POSTVMVS AVG. de chaque côté.

---

(1) Un grand nombre des médailles décrites ſous les numéros doubles ſe trouvent gravées dans les planches ſupplémentaires (pl. L & ſuiv.).

Nᵒ 5. — IMP. C. POSTVMVS. P. F. AVG. Buſte radié à droite.
℞. POSTVMVS P. F. AVG. Tête nue à droite.
Petit bronze. — Collection de M. Van Miert, à Mons.

Banduri, d'après Mezzabarba, décrit une médaille de billon : IMP. POSTVMVS P. F. AVG. Tête laurée.

℞. POSTVMVS PIVS FELIX AVG. Têtes laurées & accolées de Poſtume & d'Hercule.

Nᵒ 6. — IMP. C. M. CASS. LAT. POSTVMVS P. F. AVG. Têtes
laurées & accolées de Poſtume & d'Hercule à gauche.
℞. Légende effacée. L'empereur, debout ſur le *ſuggeſtus*,
accompagné de la Victoire qui le couronne, haranguant ſes
ſoldats rangés en armes au bas du *ſuggeſtus*.
Médaillon de bronze. — Cabinet de France.

Nᵒ 7. — IMP. C. M. CASS. LAT. POSTVMVS P. F. AVG. Buſte
radié à droite.
℞. ADLOCVTIO. L'empereur, debout ſur le *ſuggeſtus* &
appuyé ſur la haſte, entre la Fortune & la Victoire qui
le couronne, adreſſe une allocution à ſes ſoldats rangés en
armes & portant des enſeignes, les uns à cheval, les autres
à pied, autour du *ſuggeſtus*. Au-deſſous, des armes.
Médaillon de bronze. — Collection de M. Oppermann (1).
— *Cat. d'Ennery*, nᵒ 2440.

Nᵒ 8. — IMP. C. POSTVMVS. P. F. AVG. Buſte lauré à droite.
℞. ADVENTVS AVG. L'empereur à cheval à gauche, la
main droite levée. A l'exergue, S. C.
Grand bronze. — Cabinet de France.

8ᵃ — IMP. C. M. CASS. LAT. POSTVMVS P. F. AVG. Buſte
radié à droite.
℞. ADVENTVS AVG. Même type.
Moyen bronze.

----

(1) M. le commandant Oppermann a fait don, en 1864, de toutes les pièces rares de ſa collection au Cabinet des médailles de la Bibliothèque impériale.

8^b — IMP. C. POSTVMVS P. F. AVG. Buſte radié à droite.

    ℞. ADVENTVS AVG. Même type.

    Moyen bronze.

8^c — .....TVMVS PIVS F. AV. Buſte radié à droite.

    ℞. ADVENTVS A.... Même type.

    Grand bronze. — Collection de l'auteur.

N° 9. — IMP. C. M. CASS. L...ODVS. ANTO. P. F. Buſte radié à droite.

    ℞. ...DVENTVS. AVG. L'empereur à cheval à gauche, la main droite levée. Dans le champ, S. C.

    Grand bronze, ſurfrappé ſur une pièce à l'effigie de Commode. — Collection de l'auteur.

N° 10. — .... POSTVMVS P. F. AVG. Buſte radié à droite.

    ℞. ƆVA ƎVT..... (*Adventus Aug.* rétrograde). L'empereur à cheval à droite.

    Petit bronze. — Collection de M. Achille Hoart.

Banduri ajoute la légende : ADVENTVS AVGG.

N° 11. — IMP. C. POSTVMVS P. F. AVG. Buſte lauré à gauche.

    ℞. AETERNITAS AVG. Trois têtes radiées imberbes, une de face au milieu, deux de profil de chaque côté. La tête de la femme de Poſtume au milieu, entre celle de ſon fils placée à gauche & celle de ſa fille à droite.

    Or. — Cabinet de France. — Collection de M. Dupré. — *Cat. Thomas*, n° 2615. — Voyez un article de M. Dupré dans la *Revue numiſmatique* de 1846, pp. 20 & ſuiv.

Banduri décrit ce type en billon, d'après Mezzabarba & Tanini (*Ɔumiſm. Impp. Ʀom.*, p. 122), en petit bronze.

N° 12. — IMP. C. POSTVMVS P. F. AVG. Buſte lauré à droite.

    ℞. AETERNITAS AVG. Trois têtes radiées, imberbes, comme au n° précédent.

    Or. — Collection de M. le duc de Blacas. — *Mus. Wiczay Hedervar.*, t. II, n° 499. — *Cat. Schellersheim*, p. 263.

Il exiſte un coin de Becker.

N° 13. — IMP. C. POSTVMVS P. F. AVG. Bufte lauré à droite.

℞. AETERNITAS AVG. L'empereur, debout, appuyé fur la hafte, à gauche, couronné par Hercule, armé de la maffue & de la peau de lion.

Or. — Mufée Hunter, à Glafgow.

Banduri, d'après Mezzabarba, décrit une pièce d'or portant au revers la légende : APOLLO SALVTARIS. Cette légende eft connue au revers de Trébonien Galle & de Volufien. Eckhel, *D. N.* vii, p. 357 & 368. — Cohen, *Impériales*, t. iv, p. 270, n°ˢ 14 & 15; p. 289, n°ˢ 10 & 11.

N° 14. — IMP. C. POSTVMVS P. F. AVG. Bufte radié à droite.

℞. CASTOR. Caftor debout, armé de la hafte, tenant fon cheval par la bride à gauche.

Billon. — Cabinet de France. — Mufée Britannique. — Cabinet de Madrid. — Collection de M. Oppermann.

Banduri, Vaillant & Mionnet décrivent ce type en or avec la tête laurée, & en billon avec la tête radiée.

N° 15. — POSTVMVS PIVS FELIX AVG. Buftes laurés & accolés de Poftume & d'Hercule à droite.

℞. CLARITAS AVG. Buftes accolés à droite du Soleil radié & de la Lune, avec le croiffant fur la tête, & pofé fur un large croiffant.

Or. — Cabinet de France. — Cabinet de Vienne. — Cabinet de la Haye. — Cabinet de Gotha. — Chr. Liebe, *Gotha Numaria*, Amftel., 1730, in-folio, p. 65. — Collection de M. B. Friedländer, à Berlin.

15ᵃ. — Même légende, mêmes têtes.

℞. CLARITAS AVG. Mêmes buftes.

Billon. — Collection Goffellin, *Cat.*, n° 1172. — *Cat. d'Ennery*, n° 1950.

N° 16. — IMP. C. POSTVMVS P. F. AVG. Bufte radié à droite.

℞. COL. CL. AGRIP. COS. IIII. L'Équité ou plutôt la Monnaie debout à gauche, tenant des balances & une corne d'abondance.

Billon, petit bronze. — Collections de Mlle Rolin, à Nancy,
& de M. Affelin, à Cherbourg. — *Revue numifmatique*, 1862,
p. 46.

Mionnet décrit cette médaille en moyen bronze.

N° 17. — IMP. C. POSTVMVS P. F. AVG. Bufte radié à droite.

℞. C. C. A. A. (*Colonia Claudia Agrippina Augufta*) COS.
IIII. Même type.

Billon, petit bronze. — Collections de Mlle Rolin, à Nancy,
de M. Oppermann & de l'auteur. — *Revue numifmatique*,
1837, p. 144, & 1862, p. 46.

Une pièce femblable fe trouvait dans la collection de Tôchon d'Annecy, vendue à Paris,
en 1858, *Cat.* n° 1180. Elle eft aujourd'hui au Mufée Britannique. La légende du revers
femble avoir été retouchée.

Dans le *Cat. d'Ennery*, n° 3224, fe trouve une pièce décrite de la manière fuivante : .... M.
C. C. POSTVM. P. F. AVG. Têtes accolées de Poftume & d'Hercule.

℞. COL. SERG. NEAPOL. Figure drapée qui femble préfenter un fceptre à Poftume
debout devant un autel. Dans le haut, la ville de Néapolis ou Sichem, avec fon temple fur le
mont Garizim. Cette pièce a été évidemment furfrappée fur un grand bronze de Néapolis de
Samarie à l'effigie de Philippe. Mionnet, t. v, p. 506 & fuiv.

N° 18. — POSTVMVS PIVS FELIX AVG. Têtes laurées & accolées de Poftume & d'Hercule à droite.

℞. COMITI AVG. Les mêmes têtes également à droite.

Or. — Cabinet de Vienne. — Jofephus de France, *Cimelium
Auftr. Vindob.* Vindob. 1755, in-folio, tab. iv, n° 14. —
J. Khell, *Ad numifm. Impp. Rom. aurea & argentea a Vaillantio
edita, Suppl.* Vindob. 1767, in-4°, p. 192.

N° 19. — IMP. POSTVMVS AVG. Bufte radié à droite.

℞. CONCORD. AEQVIT. (*sic*). La Concorde debout à
gauche, tenant une patère de la main droite & s'appuyant
de la gauche fur un gouvernail, le pied droit pofé fur une
proue de vaiffeau.

Petit bronze.

19ᵃ. — Même légende, même buſte.

℞. CONCORD. EQVIT. Même type de la Concorde. A l'exergue, S.

Petit bronze.

Nᵒ 20. — IMP. C. POSTVMVS AVG. Buſte radié à droite.

℞. CONCORD. EQVIT. Même type. A l'exergue, S.

Or. — Cabinet de Stockholm.

20ᵃ. — IMP. C. POSTVMVS P. F. AVG. Buſte radié à droite.

℞. CONCORD. EQVIT. Même type varié. La Concorde ne poſe pas le pied ſur la proue de vaiſſeau. A l'exergue, S.

Petit bronze.

20ᵇ. — Même légende, même buſte.

℞. CONCORD. EQVITVM. Même type. A l'exergue, S.

Petit bronze.

20ᶜ. — ....STVMVS AVG. Buſte radié à droite.

℞. CONCORDIA EQVIT. Même type varié. La Concorde poſe le pied ſur la proue de vaiſſeau.

Petit bronze.

20ᵈ. — Même légende, même buſte.

℞. CONCORD. MILIT. Soldat debout ſur une proue de navire, tenant une patère & un bouclier.

Billon. — Banduri, d'après Mezzabarba.

Nᵒ 21. POSTVMVS PIVS FELIX AVG. Têtes laurées & accolées de Poſtume & d'Hercule à droite.

℞. CONSERVATORES AVG. Têtes accolées d'Apollon & de Diane, avec l'arc & le carquois, à droite.

Or. — Cabinet de Berlin. — Muſée Lavy (Académie royale des ſciences, à Turin), nᵒ 3976. — Muſée Hunter, à Glaſgow. — Autrefois du Cabinet de France, inventaire de 1788. — *Cat. d'Ennery*, nᵒ 383.

Mionnet décrit ce type en or & en billon.

N° 22. — POSTVMVS PIVS FELIX AVG. Têtes laurées & accolées de Poftume & d'Hercule à droite.

℟. CONSERVATORES AVG. Buftes accolés de Mars barbu
& cafqué, & de la Victoire, tenant une couronne & une
palme, à droite.

Or. — Collections de M. Pr. Dupré, puis de M. Edw. Wigan,
à Londres (1) & de M. le duc de Blacas. — Mufée d'Autun.
— *Autun archéologique*, p. 132, 1848, in-8°. — Autrefois
du Cabinet de France, inventaire de 1685. — Caylus,
949. — *Cat. Thomas*, n° 2612. — *Numifmatic Chronicle*,
new feries, t. V, 1865, pl. VI, n° 4.

22². — La même médaille.

Billon. — Mufée de Saint-Pétersbourg.

Banduri donne encore la légende : POSTVMVS PIVS FEL. AVG. avec le même
type au revers.

N° 23. — IMP. C. POSTVMVS P. F. AVG. Tête radiée à droite.

℟. CONSERVATORES AVG. Buftes accolés de Mars
cafqué & de la Victoire, tenant une couronne & une palme,
à droite. Un griffon fur le cafque de Mars.

Billon. — Cabinet de Madrid.

N° 24. — POSTVMVS PIVS FELIX AVG. Têtes laurées & accolées de Poftume & d'Hercule à droite.

℟. CONSERVATORI AVG. Têtes laurées & accolées de
Poftume & de Jupiter à gauche ; devant un foudre.

Or. — Autrefois du Cabinet de France, inventaire de 1788.
— *Cat. d'Ennery*, n° 385. — Cf. *Revue numifmatique*,
1857, p. 210.

24² — POSTVMVS PIVS AVG. Tête laurée à droite.

℟. CONSERVATORI AVG. Jupiter affis à gauche, tenant

(1) M. Edward Wigan a fait don de fes médailles | *Chronicle*, new feries, t. V, 1865, p. 1. — *Revue*
d'or au Mufée Britannique. — Voir *Numifmatic* | *numifmatique*, 1865, p. 213.

dans la main droite la Victoire & dans la gauche le fceptre,
à fes pieds l'aigle.

Or. — Autrefois du Cabinet de France, inventaire de 1758,
du Cabinet de M. Cary. — *Cat. Schellersheim*, p. 135.

Nᵒ 25. — IMP. C. POSTVMVS P. F. AVG. Bufte radié à droite.

℟. COS. IIII. Victoire, à demi nue, tenant de la main droite
une couronne qu'elle va pofer fur fa tête, & de la gauche
une palme.

Billon, petit bronze.

Banduri, d'après Mezzabarba, décrit ce type en or & en billon.

La pièce avec le même type & portant COS. III, décrite par Eckhel (*D.-N.*, vii, p. 438,
& *Cat. Mufei Cæfarei Vindob.*, t. ii, p. 384), & d'après lui par M. Cohen (*Impériales*, t. v,
p. 16, nᵒ 21), comme fe trouvant au Cabinet de Vienne, n'eft probablement qu'un exemplaire mal confervé du quatrième confulat. Cette pièce n'eft pas décrite dans le *Synopfis*
d'Arneth.

Nᵒ 26. — Même légende, même bufte.

℟. COS. V. Victoire, même type.

Petit bronze. — Cabinet de France.

26ᵃ. — IMP. C. POS....S AVG. Bufte radié à droite.

℟. DEO MAR.... Mars debout dans un temple tétraftyle.

Billon. — Collection de M. A. Billard, à Breft.

Nᵒ 27. — IMP. C. POSTVMVS P. F. AVG. Bufte radié à droite.

℟. DIANAE LVCIFERAE. Diane, debout à droite, vêtue
d'une tunique courte, la tête radiée, le carquois fur l'épaule,
chauffée de bottines & tenant des deux mains un flambeau
allumé.

Billon & petit bronze.

27ᵃ. — Même légende, même bufte.

℟. DIANAE LVCIFERA... Même type de Diane ; feule-
ment la déeffe a la tête nue.

Moyen bronze. — Collection de l'auteur.

Nᵒ 28. — Même légende, même bufte.

℟. DIANAE LVCIFERE (*sic*). Diane, debout à droite, vêtue d'une tunique courte, le carquois fur l'épaule, les jambes nues & tenant des deux mains un flambeau allumé. A fes pieds, un chien de chaffe ou une biche.
Billon. — Collections de M. Oppermann, de M. Thomas, à Rouen, de M. Metayer-Maffelin, à Bernay, & de l'auteur.

N° 29. — Même légende, même bufte.
℟. DIANAE REDVCI. Diane marchant à droite, vêtue d'une tunique courte & tenant l'arc de la main gauche, fe retourne vers un cerf qu'elle femble conduire de la main droite.
Billon. — Cabinet de France & autres collections.

N° 30. — IMP. C. M. CASS. LAT. POSTVMVS P. F. AVG. Bufte radié à droite.
℟. EXERCITVS VAC. (*sic*, pour *Aug*.) L'empereur à cheval à gauche, la main droite levée, haranguant quatre foldats, dont celui de devant tient une hafte & un bouclier, & les trois de derrière portent des enfeignes militaires. A l'exergue, S. C.
Grand bronze. — Cabinet de France.

30 '. — La même médaille avec EXERCITVS VAC. (*sic*, pour *Aug*.)
Moyen bronze. — Cabinet de France & autres collections.

N° 31. — Même légende, même bufte.
℟. EXERCITVS VSC. (*sic*, pour *Aug*.) Même type. A l'exergue, S. C.
Grand bronze. — Cabinet de France.

Vaillant & d'autres favants ont cru retrouver dans les deux légendes VAC. & VSC. les noms des *Vaccéens*, peuple d'Efpagne & des habitants d'*Ifca-Silurum*, aujourd'hui Caerléon-on-Usk, en Angleterre. Voir Banduri, t. I, p. 298. — Eckhel, *D.-N.* VII, p. 442.

N° 32. — Même légende, même bufte.
℟. EXERCITVS AVG. L'empereur à cheval à gauche, la

main droite levée, haranguant trois foldats tenant chacun une enfeigne. A l'exergue, S. C.

Grand bronze. — Cabinet de France.

N° 33. — IMP. C. POSTVMVS P. F. AVG. Bufte lauré à droite.

℟. FELICITAS AVG. Têtes laurées & en regard de Poftume & d'Hercule.

Or. — Autrefois du Cabinet de France, inventaire de 1685. — Caylus, 947.

Il exifte un coin de Becker, module du médaillon, & portant au droit les têtes accolées de Poftume & d'Hercule. IMP. C. POSTVMVS P. F. AVG.

℟. FELICITAS, à l'exergue : AVG. Têtes laurées & affrontées de Poftume & d'Hercule.

Un autre coin de Becker, d'un module plus petit, porte au droit le bufte lauré de Poftume. IMP. C. POSTVMVS P. F. AVG.

℟. Même légende & même type avec AVG. à l'exergue.

N° 34. — IMP. C. POSTVMVS P. F. AVG. Têtes laurées & accolées de Poftume & d'Hercule à droite.

℟. FELICITAS AVG. Buftes accolés de la Victoire ailée, tenant une couronne & une palme, & de la Félicité ou de la Paix tenant une branche d'olivier, à droite.

Médaillon d'or.— Autrefois du Cabinet de France, fupplément à l'inventaire de 1685, & acquis, à ce qu'il paraît, de Mᵐᵉ la ducheffe de Verneuil. (Note manufcrite ajoutée à l'exemplaire de Beauvais, *Hift. des Empereurs romains.* Bibliothèque de l'auteur.)

Il exifte un coin de Becker.

La pièce de bronze, autrefois dorée, du Cabinet de Vienne, paraît avoir été moulée fur le médaillon d'or du Cabinet de France. — Arneth, *Synopfis*, p. 171, n° 16.

N° 35. -- POSTVMVS PIVS FELIX AVG. Têtes laurées & accolées de Poftume & d'Hercule à droite.

℟. FELICITAS AVG. Buftes accolés de la Victoire & de la Félicité à droite, comme au n° précédent.

Or. — Mufée Britannique. — Cabinet de Berlin. — Beger, *Thes. Brand.*, t. II, p. 749. — Collections de M. le duc de

Blacas, de M. Profper Dupré, de M. Ch. Robert, de
M. Ponton d'Amécourt, de M. Sparkes, à Bromley, près
Londres, de la Bibliothèque de la ville de Leipzig, vendue
en 1853, *Catalogue*, n° 1181. — Autrefois du Cabinet de
France, inventaire de 1685.—Caylus, 948.—*Cat. d'Ennery*,
n° 384. — *Cat. Thomas*, n° 2611.

N° 36. — IMP. C. POSTVMVS P. F. AVG. Bufte radié à droite.
℟. FELICITAS AVG. La Félicité debout à gauche, tenant
un long caducée & une corne d'abondance.
Billon, petit bronze.

Ban duri, d'après Mezzabarba, décrit ce type en or, en billon & en petit bronze, & ajoute
la légende FELICITAS AVGG.

N° 37. — IMP. C. M. CASS. LAT. POSTVMVS P. F. AVG.
Bufte radié à droite.
℟. FELICITAS AVG. La Félicité debout à gauche, tenant
un long caducée & une corne d'abondance. Dans le champ,
S. C.
Grand bronze.

37ᵃ. — La même médaille.
Moyen bronze.

Quelques exemplaires ne portent pas S. C.

N° 38. — ..... CASS. LAT. POSTV... Bufte radié à droite.
℟. ..... OS. III. Arc de triomphe à huit colonnes, quatre grof-
fes à l'extérieur, quatre intérieures au fecond plan beaucoup plus minces; au milieu une grande arcade foutenue
par deux colonnes; fur la plate-forme de l'arc, un trophée
entre deux captifs les mains liées derrière le dos; de chaque
côté une palme. Sur le fronton carré de l'arc de triomphe :
FELICITAS; à l'exergue : AVG. (*sic.*)
Grand bronze furfrappé. — Cabinet de France.

Il eft douteux que l'indication du troifième confulat fe rapporte à Poftume.

N° 39. — IMP. C. M. CASS. LAT. POSTVMVS P. F. AVG. Buſte radié à droite.

℞. Arc de triomphe, comme au n° précédent, couronné d'un trophée accompagné de deux captifs. Sur l'arc : FELICITAS ; à l'exergue : AVG.
Grand bronze. — Colleḋion de M. Fernand Mallet, à Amiens.

N° 40. — IMP. C. M. CASS. LAT. POSTVMVS P. F. AVG. Buſte radié à droite.

℞. Arc de triomphe ſans couronnement : FELICITA.. AVG. Ici on ne voit que quatre colonnes, ſans compter celles de l'arcade.
Grand bronze. — Cabinet de France.

N° 41. — IMP. C. M. CASS. ..... OSTVMVS P. AVG. Buſte radié à droite.

℞. Arc de triomphe ſurmonté d'un trophée ; de chaque côté un captif accroupi, FELICITAS.
Moyen bronze. — Colleḋion de l'auteur.

N° 42. — IMP. C. POSTVMVS P. F. AVG. Buſte lauré à droite.
℞. FELICITAS AVG. Trophée au pied duquel ſont aſſis deux captifs ; à l'exergue, S. C.
Grand bronze. — Cabinet de France.

N° 43. — IMP. ..... POSTVMVS P. F. AVG. Buſte radié à droite.
℞. ..... AS AVG. Même type.
Moyen bronze.

N° 44. IMP. C. M. CASS. LAT. POSTVMVS P. F. AVG. Buſte radié à droite. Traces de ſurfrappe.

℞. FELICITAS PVBLICA. La Félicité debout à gauche, tenant un long caducée & une corne d'abondance.
Grand bronze.

44ª. — Autre avec S. C. dans le champ.
    Grand bronze.

Banduri décrit la même pièce, fans S. C., en moyen bronze.

Nº 45. — IMP. C. M. CASS. LAT. POSTVMVS P. F. AVG. Têtes
    laurées & accolées de Poftume & d'Hercule à droite.

    ℞. FELICITAS POSTVMI AVG (?) L'empereur voilé, de-
    bout à gauche, facrifiant en préfence de la Félicité debout,
    fe tournant à droite vers lui, & tenant un fceptre & une
    corne d'abondance ; à gauche un jeune viĉtimaire amenant
    un bœuf ; à l'exergue, COS III (?)
    Médaillon de bronze. — Cabinet de France. — *Cat. d'Ennery*,
    nº 2441, où l'on trouve les légendes du revers ; fur l'exem-
    plaire du Cabinet de France, elles font complètement effa-
    cées & indéchiffrables. — *Mus. Wiczay Hedervar.*, t. II,
    nº 2900, tab. ıv, nº 38, avec la légende au droit : IMP. C.
    M. CAS. LATI. POSTVMVS P. F. AVG. (1). — Cf.
    Beauvais, *Hiftoire des empereurs romains*, t. II, p. 51.

Banduri, d'après Mezzabarba, décrit une pièce d'or avec la légende FELICITAS PRO-
VINCIARVM, fans indiquer le type. C'eft fans aucun doute la pièce de billon, au type
du Rhin : SALVS PROVINCIARVM (2).

Nº 46. — POSTVMVS PIVS FELIX AVG. Buftes laurés & accolés
    de Poftume & d'Hercule à gauche.

    ℞. FELICITAS TEMP. Galère à quatre rameurs, & un éten-
    dard au milieu, allant à droite.
    Or. — Mufée de Saintes (Charente-Inférieure).

Nº 47. — Même légende, mêmes buftes à droite.
    ℞. FELICITAS TEMP. Même type.
    Billon. — Colleĉtion Goffellin, *Cat.*, nº 1174, aujourd'hui
    dans celle de l'auteur. — *Cat. d'Ennery*, nº 1948.

Nº 48. — IMP. POSTVMVS AVG. Bufte radié à droite.

(1) Voir le nº 71. | (2) Voir les nᵒˢ 287 & fuiv.

℞. FIDES AEQVIT. (*sic*). La Fidélité affife à gauche, tenant une enfeigne militaire & une patère.

Or. — Cabinet de Berlin.

Il exifte un coin moderne.

N° 49. — IMP. POSTVMVS AVG. Bufte radié à droite.

℞. FIDES AEQVIT. (*sic*). Même type.

Billon.

49ᵃ. — .... POSTVMVS AVG. Bufte radié à droite.

℞. FIDES EQVIT. Même type de la Fidélité.

Or. — Cabinet de Vienne.

N° 50. — IMP. POSTVMVS AVG. Bufte radié à droite.

℞. FIDES EQVIT. La Fidélité affife à gauche, tenant une enfeigne militaire & une patère. A l'exergue P.

Billon, petit bronze.

N° 51. — Même légende, même bufte radié à droite.

℞. FIDES EQVIT. Même type. A l'exergue T.

Petit bronze.

51ᵃ. — IMP. POST..... Bufte radié à droite.

℞. FIDES EQVITVM. Même type.

Petit bronze. — Banduri.

N° 52. — POSTVMVS PIVS AVG. Tête laurée & radiée à droite.

℞. FIDES EXERCITVS. Quatre enfeignes militaires, dont celles du milieu font furmontées l'une d'une main, l'autre d'un aigle.

Or. — Mufée Britannique. — Collection de M. Wigan, à Londres. — Collection Pembroke. — *Numifmata antiqua in tres partes divisa, collegit olim & æri incidi vivens curavit Thomas Pembrochiæ & Montis Gomerici comes*, pars I, tab. xxii, n° 91, Lond., 1746, gr. in-4°, & *Cat.*, n° 972, Lond., 1848. — *Numifmatic Chronicle*, new. feries, t. V, 1865, pl. vi, n° 3.

N° 53. — IMP. C. POSTVMVS P. F. AVG. Buſte radié à droite.
 ℞. FIDES EXERCITVS. Quatre enſeignes militaires, comme
 au n° précédent.
 Billon & petit bronze.

Banduri donne la légende : FIDES EXERCITI, & décrit les deux enſeignes du milieu comme ſurmontées de deux aigles.

 Cat. d'Ennery, n° 1953. FIDES EXERCITAS (*sic*).

 53ᵃ.—IMP. C. POSTVMVS P. F. AVG. Buſte radié à droite.
 ℞. FIDES EXERCITVS. Quatre enſeignes militaires, dont
 une ſurmontée d'un aigle.
 Moyen bronze. — Banduri.

 53ᵇ.— M. CASS. LA. POSTVMVS P. F. AVG. Buſte radié à
 droite.
 ℞. FIDES EXERC. S. C. La Fidélité debout à gauche, tenant
 deux enſeignes militaires.
 Moyen bronze. — Banduri.

N° 54. — IMP. C. POSTVMVS P. F. AVG. Buſte radié à droite.
 ℞. FIDES MILITVM. La Fidélité debout à gauche, tenant
 deux enſeignes militaires.
 Billon & petit bronze.

Banduri, d'après Mezzabarba, décrit ce type en or & en billon.

N° 55. — Même légende, même buſte.
 ℞. Même légende, même type, mais varié.
 Petit bronze.

N° 56. — IMP. C. M. CASS. LAT. POSTVMVS P. F. AVG.
 Buſte radié à droite.
 ℞. FIDES MILITVM. La Fidélité debout à gauche, tenant
 deux enſeignes militaires.
 Grand bronze.

N° 57. — IMP. C. M. CASS. LAT. POSTVMVS PIVS F. AVG.
 Buſte radié à droite.

℞. FIDES MILITVM. La Fidélité debout à gauche, tenant deux enſeignes militaires.
Grand bronze.

57ª. — La même médaille.
Moyen bronze.

Nº 58. — IMP. C. POSTVMVS PIVS F. AVG. Buſte lauré à droite.
℞. FIDES MILITVM. La Fidélité debout à gauche, tenant deux enſeignes militaires.
Grand bronze. — Cabinet de France. — Collection de l'auteur.

Quelquefois la légende au droit eſt : IMP. C. POSTVMVS P. F. AVG. A l'exergue, il y a auſſi S. C.

Nº 59. — IMP. C. M. CASS. LAT. POSTVMVS P. F. AVG. Buſte radié à droite.
℞. MFISNILOTVᑫ (pour *Fides Militum*). Même type.
Grand bronze. — Cabinet de France.

Nº 60. — VIRTVS POSTVMI AVG. Buſte caſqué à droite.
℞. FIDES MILITVM. La Fidélité debout à gauche, tenant deux enſeignes militaires.
Grand bronze. — Cabinet de France & autres collections.

60ª. — .... CASS. LAT. POSTVMVS P. F. AVG. Buſte radié à droite.
℞. FIPES (*sic*) MI..... La Fidélité debout, tenant deux enſeignes militaires.
Moyen bronze coulé, trouvé à Cherchell & communiqué par M. Lhotellerie.

Nº 61. — IMP. C. POSTVMVS PIVS F. AVG. Buſte radié à droite.
℞. FED M....T (pour *Fides Militum*). Galère.
Grand bronze. — Cabinet de France.

Nº 62. — IMP. C. POSTVMVS P. F. AVG. Buſte radié à droite.

℞. FORTVNA AVG. La Fortune affife à gauche, tenant un gouvernail & une corne d'abondance.

Billon & petit bronze. — Cabinet de France & autres collections.

N° 63. — Même légende, même bufte.

℞. FORTVNA AVG. La Fortune debout à gauche, tenant un gouvernail & une corne d'abondance.

Billon, petit bronze.

Banduri, d'après Mezzabarba, décrit ce type en or & en billon.

63ᵃ. — Même légende, même bufte.

℞. FORTVNA AVG. Même type de la Fortune.

Billon, quinaire. — Collection de M. A. Billard, à Breft.

N° 64. — Même légende, même bufte.

℞. POSTVMA AVG. (*sic*, pour *Fortuna Aug.*) Même type.

Billon. — Collection de M. Metayer-Maffelin, à Bernay.

N° 65. — Même légende, même bufte.

℞. FORTVNA REDVX. La Fortune affife à gauche, dans un temple à deux colonnes, furmonté d'une coupole ronde, & tenant un gouvernail & une corne d'abondance ; près d'elle une roue.

Billon. — Cabinet de France. — Mufée de Rouen & autres collections.

N° 66. — IMP. C. M. CASS. LAT. POSTVMVS P. F. AVG. Bufte radié à droite.

℞. GERMANICVS MAX. V. Trophée au pied duquel font affis deux captifs.

Grand bronze. — Cabinet de France & autres collections.

66ᵃ. — La même médaille.

Moyen bronze. — Cabinet de France & autres collections.

66ᵇ. — IMP. C. POSTVMVS P. AV. Bufte radié à droite.

℞. GERMANICVS MAX. V. Même type.

Moyen bronze. — Collection de M. Oppermann.

66ᶜ. — IMP. C. POS....MVS P. F. AVG. Buſte radié à droite.

℞. GERMANICVS MAX. V. Trophée au pied duquel ſont aſſis deux captifs.

Billon. — Collections de MM. Oppermann & Ch. Aſſelin à Cherbourg.

66ᵈ. — IMP. C. C. POSTVMVS O. F. G. Buſte radié à droite.

℞. GERMANICVS MAX. V. Même type.

Billon. — Collection de l'auteur.

N° 67. — POSTVMVS PIVS FELIX AVG. Buſtes laurés & accolés de Poſtume & d'Hercule à droite.

℞. HERCVLI ARCADIO. Hercule nu, à droite, terraſſant la biche Cérynite qu'il ſaiſit par les andouillers.

Billon. — Collection de M. J.-J. Merlo, à Cologne. — *Jahrbücher des Vereins von Alterthumsfreunden im Rheinlande,* Heft XXXV, 1863, p. 39.

N° 68. — POSTVMVS PIVS FELIX AVG. Buſtes laurés & accolés de Poſtume et d'Hercule à droite.

℞. HERCVLI ARGIVO. Hercule nu, marchant à gauche, & armé de la maſſue, combattant l'Hydre de Lerne.

Billon. —Collection de M. le comte de Salis (1), maintenant au Muſée Britannique. — Collections de M. Pr. Dupré, aujourd'hui de M. Sparkes, à Bromley, près Londres, & de M. de la Fontaine, à Luxembourg. — *Revue numiſmat.*, 1844, pl. VIII, n° 2.

Banduri décrit ce type en or, d'après Mezzabarba, & au revers de la tête radiée (?) de Poſtume, IMP. C. POSTVMVS P. F. AVG. — Cf. Pr. Dupré, *Diſſertation ſur les médailles attribuées au fils de l'empereur Poſtume,* p. 14, note, Paris, 1825, in-8°. — L'exemplaire gravé ſous le n° 68 a été trouvé à Cologne.

---

(1) M. le comte de Salis a fait don, en 1859, de ſa riche collection au Muſée Britannique. — Voir *Numiſmatic Chronicle*, new ſeries, t. V, p. 1. — *Revue numiſmatique*, 1865, p. 213.

N° 69. — Même légende, mêmes buftes à gauche.

    ℞. HERCVLI ARGIVO. Même type.

    Billon. — Collection de l'auteur. — *Revue numifmatique*,
    1844, p. 335. — *Cat. de la collection de M. Fr. Koch, à
    Cologne*, 1862, n° 2788.

N° 70. — POSTVMVS PIVS FELIX AVG. Têtes laurées & acco-
    lées de Poftume & d'Hercule à droite.

    ℞. HERCVLI AV. .. Hercule armé de l'arc, combattant à
    droite contre les oifeaux de Stymphale.

    Or. — Cabinet de France. — Tanini, *Numifn. Impp. Rom.*,
    tab. 11. — *Revue numifm.*, 1844, pl. VIII, n° 6.

N° 71. — IMP. C. M. CAS. LATI. POSTVMVS P. F. AVG.
    Têtes laurées & accolées de Poftume & d'Hercule à droite.

    ℞. HERCVLI COMITI AVG. L'empereur, la tête laurée,
    debout à gauche, facrifiant fur un autel, en préfence
    d'Hercule nu, debout, s'appuyant fur fa maffue, la peau
    de lion roulée autour du bras gauche; à gauche un jeune
    victimaire amenant un bœuf. A l'exergue, COS. III.

    Médaillon de bronze. — Collection de M. Amand Buvi-
    gnier, à Verdun. — Morell, *Specimen rei num.*, tab. 11, de
    la collection du comte de Schwarzburg, Lips., 1695, in-8°.
    — Cabinet de Gotha. — Chr. Liebe, *Gotha Numaria*,
    Amftel., 1730, in-folio, p. 438.

On a émis des doutes fur l'authenticité de l'exemplaire publié par Morell & confervé
aujourd'hui dans le Cabinet de Gotha. Voir Hardouin, *Opera selecta*, p. 857. — Banduri (t. 1,
p. 297) & Eckhel (*D.-N.* VII, p. 443) admettent ce médaillon au nombre des médailles
authentiques. — L'exemplaire de la collection de M. Buvignier, gravé fous le n° 71, ne
peut infpirer aucun foupçon.

N° 72. — POSTVMVS PIVS FELIX AVG. Buftes laurés & accolés
    de Poftume & d'Hercule à gauche.

    ℞. HERCVLI CRETENSI. Hercule à droite, domptant le
    taureau de Crète.

Or. — Cabinet de Berlin. — *Revue numifm.*, 1844, pl.
ıx, n° 7.

N° 73. — POSTVMVS AVG. Bufte cafqué à gauche. Le cafque eft
orné d'un bige conduit par la Victoire.

℞. HERCVLI DEVSONIENSI. Tête laurée d'Hercule à
droite.

Or. — Collection de M. Pr. Dupré, puis de M. Wigan, à
Londres. — *Numifmatic Chronicle*, news feries, t. V. 1865,
pl. vı, n° 5.

N° 74. — POSTVMVS PIVS FE.IX AVG. Buftes accolés & laurés
de Poftume & d'Hercule à droite.

℞. HERCVLI DEVSONIENSI. Bufte d'Hercule à gauche,
la tête couverte de la dépouille du lion, & la maffue fur
l'épaule gauche.

Billon. — Autrefois de la collection de M. le major
Senckler, à Cologne, puis de M. Gouaux, aujourd'hui de
M. l'abbé Defnoyers, à Orléans. — *Revue num.*, 1840, pl. ı,
n° 3 & p. 27. — Senckler, *Jahrbücher des Vereins von
Alterthumsfreunden im Rheinlande*, Heft XV, 1850, Taf. v,
n° ı & p. 155. — *Cat. Senckler*, n° 3706, Paris, 1847, in-8°.

74ᵃ. — IMP. C. POSTVMVS P. F. AVG. Tête laurée à droite.
℞. HERCVLI DEVSONIENSI. Tête laurée d'Hercule à
gauche.

Billon. — Mufée Britannique.

N° 75. — IMP. C. POSTVMVS P. F. AVG. Bufte lauré à droite.
℞. HERCVLI DEVSONIENSI. Bufte lauré d'Hercule à
droite.

Moyen bronze. — Collections de M. Oppermann & de
l'auteur. — Tanini, p. 122. — *Cat. Thomas*, n° 3001.

75ᵃ. — IMP. C. POSTVMVS P. F. AVG. Bufte lauré à droite.
℞. HERC. DEVSONIENSI. Hercule debout à droite, la

peau de lion fur le bras gauche, tenant la maffue & l'arc.
Or. — Collection de M. Radenac aîné, à Saint-Brieuc
(Côtes-du-Nord).

Cette pièce, trouvée à Saint-Nicolas-du-Pélem (Côtes-du-Nord), m'a été communiquée
par M. Beaune, attaché au Mufée de Saint-Germain-en-Laye.

N° 76. — IMP. C. POSTVMVS P. F. AVG. Bufte radié à droite.
    ℞. HERC. DEVSONIENSI. Hercule debout à droite, la
    peau de lion fur le bras gauche, tenant la maffue & l'arc.
    Billon & petit bronze.

Banduri ajoute la légende : POSTVMVS PIVS AVG.

N° 77. — Même legende, même bufte.
    ℞. HERC. DEVSONIENSI. Hercule, comme au n° pré-
    cédent.
    Billon & petit bronze.

N° 78. — Même légende, même bufte.
    ℞. HERC. DEVSONIENSI. Hercule debout à gauche,
    ayant la peau de lion fur le bras gauche & tenant la maffue,
    dans un temple tétraftyle.
    Billon, petit bronze.

N° 79. — Même légende, même bufte.
    ℞. HERC. DEVSONIENSI. Même type varié.
    Billon, petit bronze.

79ª. — Même légende, même bufte.
    ℞. HERC. DEVSONIENSI. Même type varié.
    Billon.

N° 80. — IMP. C. M. CASS. LAT. POSTVMVS P. F. AVG.
    Bufte radié à droite.
    ℞. HERC. DEVSONIENSI. Hercule nu, debout à droite,
    la peau de lion fur le bras gauche, tenant la maffue & l'arc.
    Grand bronze.

Quelquefois à l'exergue, S. C. — Banduri.

N° 81. — IMP. C. M. CASS. LAT. POSTVMVS P. F. AVG.
Buſte radié à droite.

℟. .... C. DEVSONIENS... AVG. Hercule nu, debout à
droite, tenant la maſſue, des flèches & l'arc.
Grand bronze.

81 ª. — Même légende, même buſte.

℟. HER. DEVSONIEMƧ. (*sic*). Hercule nu, debout à
droite, avec les mêmes attributs.
Grand bronze.

N° 82. — IMP. C. POSTVMVS P. F. AVG. Buſte lauré à gauche, la
main droite levée.

℟. HERC. DEVSONIEN... Hercule nu, debout à droite,
la peau de lion ſur le bras gauche, tenant la maſſue & l'arc.
Grand bronze. — Cabinet de France.

Quelquefois avec S. C. à l'exergue. — Banduri.

N° 83. — VIRTVS POSTVMI AVG. Buſte caſqué à gauche, tenant
la haſte & le bouclier.

℟. HERC. DEVSONIENSI. Hercule nu, debout à droite,
la peau de lion ſur le bras gauche, tenant la maſſue & l'arc.
Grand bronze. — Cabinet de France.

Banduri donne la légende : VIRTVS POSTVMI AVG. avec la tête laurée & S. C.
à l'exergue, au revers.

N° 84. — IMP. C.. .. AVG. Buſte radié à droite.

℟. H....IE ИƧI. Hercule nu, debout à droite, la peau de lion
ſur le bras gauche, tenant la maſſue.
Grand bronze.

N° 85. — .... CAS. POST.... Buſte radié à droite.

℟. OꞀVSO (pour *Deuso*). Hercule debout à droite, revêtu,
à ce qu'il paraît, de la peau de lion, tenant l'arc & la maſſue.
Moyen bronze.

Nᵒ 86. — C. M. CAS. LAT. POSTVMVS P. F. AVG. Buſte radié
à droite.

℞. MERC S AEOVIⵏ N (*sic*, pour *Herc. Deusoniensi*). Hercule nu, debout à droite, la peau de lion ſur le bras gauche,
tenant l'arc & la maſſue.
Grand bronze. — Collection de M. Oppermann.

Nᵒ 87. — IMP. POSTV...VS P. F. A... Buſte radié à droite.

℞. HERC. OSVƧOMIꟼ M... (*sic*, pour *Deusoniensi*). Hercule nu, debout à gauche, la peau de lion ſur le bras
gauche et tenant la maſſue.
Moyen bronze.

Nᵒ 88. — I. CΛS. ....VS P. F. ΛVG. Buſte radié à droite.

℞. INOIVꟻⵏO.... (*sic*, légende barbare pour *Herc. Deusoniensi*). Hercule à mi-corps dans un temple tétraſtyle ; dans
le fronton un oiſeau & trois globules.
Moyen bronze.

Nᵒ 89. — .....SS. LT. POSTVMV... Tête radiée à droite.

℞. ....IƧVꟻⵏOЯ ꟻH (*sic*, pour *Herc. Deusoniensi*). Hercule
nu, debout à gauche, tenant la peau de lion & la maſſue,
dans un temple tétraſtyle ; dans le fronton un oiſeau.
Moyen bronze.

Nᵒ 90. — IMP. C. M. CASS. LAT. POSTVMVS P. F. AVG. Buſte
radié à droite.

℞. ...... DEVSONIENSI. Hercule nu, debout à gauche,
la peau de lion ſur le bras gauche & tenant la maſſue
de la main droite, dans un temple tétraſtyle.
Grand bronze.

90ᵃ. — IMP..... CASS. LAT. POSTVMVS P. F. AVG. Buſte
radié à droite.

℞. HERC. DEVSOⵏIEM..... (*sic*). Hercule nu, avec les
mêmes attributs, dans un temple tétraſtyle.

Moyen bronze.

N° 91. — POSTVMVS PIVS FELIX AVG. Buftes laurés & accolés de Poftume & d'Hercule à droite.

℞. HERCVLI ERVMANTINO (*sic*). Hercule marchant à droite & portant fur fes épaules le fanglier d'Erymanthe. A fes pieds, le *pithos* dans lequel Euryfthée fe tient caché. Billon. — Cabinet de France. — Colleftion de M. le comte de Salis, aujourd'hui au Mufée Britannique. — Cabinet de Berlin. — *Revue numifmatique*, 1844, pl. VIII, n° 4.

N° 92. — POSTVMVS PIVS FELIX AVG. Buftes laurés & accolés de Poftume & d'Hercule à droite.

℞. HERCVLI GADITANO. Hercule à droite, la chlamyde fur le bras gauche, combattant le triple Géryon. Billon. — Colleftion de M. Pr. Dupré, aujourd'hui de M. Sparkes à Bromley, près Londres. — *Revue numifmatique*, 1844, pl. VIII, n° 10.

Cette rare médaille a été trouvée à Cologne.

N° 93. — POSTVMVS PIVS FELIX AVG. Buftes laurés & accolés de Poftume & d'Hercule à droite.

℞. HERCVLI INMORTALI (*sic*). Hercule armé de la maffue, la peau de lion fur l'épaule gauche, marchant à droite & fe détournant à gauche, conduit Cerbère enchaîné. Billon. — Cabinet de Vienne. — *Revue numifmatique*, 1844, pl. IX, n° 12.

Cette pièce fe trouve gravée dans le *Thefaurus numifm.* de Patin, p. 89, Amftel., 1672, in-4°.

N° 94. — IMP. C. POSTVMVS P. F. AVG. Bufte radié à droite.

℞. HERCVLI INVICTO. Hercule nu, debout à gauche, mettant le pied fur le corps de la reine des Amazones, lui enlève la ceinture, & de la main gauche tient la maffue, la peau de lion enroulée autour de fon bras.

Billon. — Cabinet de Vienne. — Cabinet de Madrid.
— Mufée de Rouen. — Collection de l'auteur. — *Revue
numifm.*, 1844, pl. IX, n° 9ᵃ.

N° 95. — POSTVMVS PIVS FELIX AVG. Buftes laurés & accolés
de Poftume & d'Hercule à droite.

℞. HERCVLI INVICTO. Même type.

Billon. — Cabinet de France. — Mufée Britannique. —
Collection de M. Pr. Dupré. — Collection Goffellin, *Cat.*,
n° 1176. — *Revue numifm.*, 1844, pl. VIII, n° 9.

Banduri (t. I, p. 291) & Mionnet (*Rareté des médailles romaines*, t. II, p. 61) avaient cru
voir dans ce type Hercule debout, le pied fur un monftre. — Dans le *Catalogue d'Ennery*,
n° 1949, le type eft décrit comme montrant Hercule affis, le pied droit pofé fur Cerbère.

N° 96. — POSTVMVS AVG. Bufte cafqué à gauche.

℞. HERCVLI INVICTO. Hercule debout à gauche, étouffant entre fes bras le lion; entre les jambes du héros, la
maffue.

Or. — Autrefois du Cabinet de France, inventaire de 1788.
— *Cat. d'Ennery*, n° 381.

Pièce fourrée. — Collection de l'auteur.

96ᵃ. — IMP. C. POSTVMVS P. F. AVG. Bufte lauré à droite.

℞. HERCVLI INVICTO. Même type d'Hercule étouffant
le lion.

Or. — *Mus. Wiczay Hedervar.*, t. II, n° 492, tab. I, n° 12.

Vaillant décrit un moyen bronze, portant la légende : HERCVLI INVICTO. Hercule
domptant un taureau. — Cf. Banduri, t. I, p. 310. — Patin, *Impp. Rom. num.*, p. 335,
Amftel., 1696, in-folio.

N° 97. — POSTVMVS PIVS FELIX AVG. Buftes laurés & accolés
de Poftume & d'Hercule à droite.

℞. HERCVLI LIBYCO. Hercule étouffant entre fes bras
le géant Antée.

Or. — Autrefois du Cabinet de France, inventaire de 1685.
— Caylus, 950. — *Revue numifm.*, 1844, pl. IX, n° 11.

N° 98. — IMP. C. POSTVMVS P. F. AVG. Buſte radié à droite.

℞. HERCVLI MAGVSANO. Hercule debout à droite, appuyé ſur ſa maſſue poſée ſur un rocher, la peau de lion enroulée autour de ſon bras gauche.

Billon & petit bronze. — Cabinet de France. — Collections de M. Oppermann, de l'auteur & autres collections.

N° 99. — IMP. C. M. CASS. LAT. POSTVMVS P. F. AVG. Buſte radié à droite.

℞. HERCVLI MAGVSANO. Hercule nu, debout à droite, la peau de lion enroulée autour du bras gauche, & appuyé ſur la maſſue poſée ſur un rocher.

Grand bronze. — Cabinet de France.

N° 100. — POSTVMVS PIVS FELIX AVG. Têtes laurées & accolées de Poſtume & d'Hercule à droite.

℞. HERCVLI NEMAEO. Hercule debout à gauche étouffant le lion de Némée ; entre les jambes du héros, la maſſue.

Or. — Autrefois du Cabinet de France, inventaire de 1788. — Collection Meynaerts, à Louvain, *Cat.*, n° 69, Gand, 1852, in-8°. — *Cat. d'Ennery*, n° 382.

100ª. — Même légende, mêmes têtes.

℞. HERCVLI NEMAEO. Même type.

Billon. — Collection de M. le comte de Salis, aujourd'hui au Muſée Britannique. — Collection de M. Dupré, aujourd'hui de M. Sparkes, à Bromley, près Londres. — *Revue numiſmatique*, 1844, pl. VIII, n° 1.

N° 101. — IMP. C. POSTVMVS P. F. AVG. Buſte radié à droite.

℞. HERC. PACIFERO. Hercule nu, debout à gauche, tenant une branche d'olivier de la main droite & de la gauche la maſſue ; la peau de lion ſur le bras gauche.

Billon & petit bronze.

Banduri, Vaillant & Mionnet décrivent ce type en or & en billon. Vaillant donne la légende : HERCVLI PACIFERO.

N° 102. — Autre portant HERC. PVCIFERO (*sic*).
      Billon. — Cabinet de France.

Tanini décrit une variété : IMP. C. POSTVMVS. Buſte radié à droite.
℞. HERC. PACIFERI (*sic*).

N° 103. — IMP. C. M. CASS. LAT. POSTVMVS AVG. Buſte
      radié à droite.
      ℞. HERC. PACIFERO. Hercule nu, debout à gauche,
      tenant de la main droite une branche d'olivier & de la
      gauche la maſſue ; la peau de lion ſur le bras gauche.
      Grand bronze.

N° 104. — Même légende, même buſte.
      ℞. HERC. PACIFERO. Type ſemblable au n° précédent.
      Dans le champ, S. C.
      Grand bronze.

Il y a des exemplaires qui portent la légende : IMP. C. M. CASS. LAT. POSTVMVS
AV. Cohen, *Impériales*, t. v, p. 48, n° 236. D'autres portent à la fin de la légende :
P. F. AVG.

N° 105. — CASS. LAT. POSTVMVS P. F. AVG. Buſte radié à
      droite.
      ℞. HERC. P... IFERO. Même type.
      Moyen bronze.

N° 106. — POSTVMVS PIVS FELIX AVG. Buſtes laurés & acco-
      lés de Poſtume & d'Hercule à gauche.
      ℞. HERC. PISAEO. Hercule nu, à gauche, armé d'une
      pioche, occupé à nettoyer les étables d'Augias ; à ſes pieds
      un panier ou un vaſe.
      Billon. — Muſée de Trèves. — *Revue numiſm.*, 1844,
      pl. ix, n° 5.

N° 107. — IMP. C. POSTVMVS P. F. AVG. Buſte radié à droite.
      ℞. HERCVLI ROMANO AVG. Arc, maſſue & carquois
      plat.

Billon. — Cabinet de France. — Muſée Britannique. — Muſée de Rouen & autres colleَctions.

N° 108. — POSTVMVS AVG. Buſte radié à gauche, la peau de lion ſur les épaules, la maſſue dans la main droite.

℞. HERCVLI ROMANO AVG. Arc, maſſue & carquois plat.

Billon. — Muſée Britannique. — Collecَtions de M. Pr. Dupré, de l'auteur & autres collecَtions. — *Revue numiſm.*, 1844, pl. x, n° 14.

N° 109. — POSTVMVS PIVS FELIX AVG. Buſtes laurés & accolés de Poſtume & d'Hercule à gauche.

℞. HERCVL. ROM. Hercule nu, debout, tourné à gauche, la peau de lion ſur le bras droit & s'appuyant de la main gauche ſur la maſſue, eſt auprès de l'arbre des Heſpérides, autour duquel s'enroule le ſerpent Ladon. A gauche les nymphes Heſpérides, au nombre de trois.

Billon. — Collecَtion de M. Proſper Dupré, puis de M. le comte de Salis, aujourd'hui au Muſée Britannique. — Collecَtion de M. le baron d'Eſpiard à Mazille (Nièvre). — *Autun archéologique*, in-8°, 1848, p. 17.

N° 110. — POSTVMVS AVG. Buſte radié de trois quarts, légèrement tourné à droite.

℞. HERCVLI THRACIO. Hercule nu, à droite, domptant un des chevaux de Diomède; ſous ſes pieds un autre cheval renverſé.

Or, petit médaillon. — Cabinet de France. — *Revue numiſmatique*, 1844, pl. viii, n° 8.

N° 111. — POSTVMVS AVG. Buſte lauré à gauche, la peau de lion ſur les épaules, la maſſue dans la main droite.

℞. HERCVLI THRACIO. Hercule nu, à droite, domptant un des chevaux de Diomède.

Billon. — Cabinet de France. — *Revue numiſm.*, 1844, pl. ix, n° 8ᵃ.

N° 112. — IMP. C. POSTVMVS P. F. AVG. Buſte radié à droite.

℞. IMP. X COS. V. Victoire à demi-nue, debout à droite, tenant de la main droite une couronne qu'elle va poſer ſur ſa tête & de la gauche une palme.

Billon & petit bronze.

Banduri, d'après Mezzabarba, indique les légendes : IMP. POSTVMVS P. F. AVG. & au revers : IMP. X COS. IIII, ce qui eſt certainement une erreur.

N° 113. — POSTVMVS PIVS AVG. Tête laurée à droite.

℞. INDVLG. PIA POSTVMI AVG. L'empereur vêtu de la toge, aſſis ſur la chaiſe curule à gauche, tenant le ſceptre, étend la main droite vers une femme proſternée à genoux, qui lève les deux bras, probablement la perſonnification de la Gaule.

Or, dans un entourage antique muni d'une bélière. — Cabinet de France.

N° 114. — Même légende, même tête.

℞. Même légende, même type.

Or, dans un entourage différent, également muni d'une bélière. — Cabinet de France.

Ces deux pièces ont été trouvées à Rennes, en 1774, avec celle décrite ſous le n° 114ᵃ, & avec la célèbre patère d'or conſervée au Cabinet de France. Millin, *Monuments inédits*, t. i, pl. xxvii. — A. Chabouillet, *Catalogue des camées & des pierres gravées de la Bibliothèque impériale*, p. 378, Paris, 1858, in-8°.

114ᵃ. — POSTVMVS PIVS AVG. Tête laurée à gauche.

℞. INDVLG. PIA POSTVMI AVG. Même type.

Or, dans un entourage muni d'une bélière, ſemblable à celui du n° 113. — Autrefois du Cabinet de France, ſupplément à l'inventaire de 1685.

N° 115. — POSTVMVS PIVS AVG. Tête laurée à droite.

℞. INDVLG. PIA POSTVMI AVG. L'empereur vêtu de la toge, affis fur la chaife curule à gauche, tenant le fceptre; à fes pieds, une femme profternée à genoux lève les deux bras & implore fa pitié.

Or. — Mufée de Saint-Pétersbourg. — Collection de M. le duc de Blacas. — Autrefois du Cabinet de France, inventaire de 1685. — Caylus, 944. — *Muf. Wiczay Hedervar.*, n° 493.

Il exifte un coin de Becker.

N° 116. — POSTVMVS AVG. Bufte nu de face.

℞. INDVLG. PIA POSTVMI AVG. L'empereur vêtu de la toge, affis fur la chaife curule à gauche, comme aux n°ˢ précédents.

Or, petit médaillon. — Collection de M. Dupré, puis de M. Wigan, à Londres. — *Numifmatic Chronicle*, new feries, t. V, 1865, pl. vi, n° 6.

Cette pièce, trouvée à Jouy-aux-Arches (Mofelle), a appartenu au baron Marchant, à Metz.

Il exifte un coin de Becker.

Banduri, d'après Mezzabarba, indique la légende : INDVLGENTIA PIA POS-TVMI AVG. avec le même type & auffi avec la légende au droit : POSTVMVS PIVS AVG. ou POSTVMVS PIVS FELIX AVG.

N° 117. — IMP. C. POSTVMVS P. F. AVG. Bufte lauré à droite.

℞. INVICTO AVG. Bufte radié & cuiraffé à gauche, tenant la hafte dans la main droite.

Or. — Collection de M. le duc de Blacas.

N° 118. — IMP. C. POSTVMVS P. F. AVG. Bufte lauré à droite.

℞. INVICTO AVG. Bufte radié & cuiraffé à gauche, comme au n° précédent.

Billon. — Mufée Britannique.

118ᵃ. — La même pièce.

Billon. — *Cat. d'Ennery*, n° 1970. — *Revue numifmatique*,

1864, p. 159. — Collection Goffellin, *Cat.* n° 1173, aujourd'hui également au Mufée Britannique.

N° 119. — IMP. C. POSTVMVS P. F. AVG. Tête radiée à droite.

℞. ..... TV AVG. (*Inviĉtus Aug.*) Le Soleil, la tête radiée, marchant à droite, la main gauche levée & tenant un fouet.
Billon. — Colleĉtion de feu M. André Jeuffrain, à Tours.

N° 120. — IMP. C. POSTVMVS P. F. AVG. Bufte radié à droite.

℞. IOVI CONSERVAT. Jupiter debout à gauche, tenant le foudre & le fceptre, étend la main au-deffus d'une petite figure qui lève les deux bras vers lui.
Billon.

N° 121. — Même légende, même bufte.

℞. IOVI CONSERVA..... Même type varié. Le perfonnage aux pieds de Jupiter eft à genoux.
Petit bronze.

121ª. — IMP C. POSTVMVS P. F. AVG. Bufte radié à droite.

℞. IOVI CONSERVATORI. Même type.
Billon. — Colleĉtions de M. Oppermann, de l'auteur & autres colleĉtions.

N° 122. — Même légende, même bufte.

℞. IOVI PROPVGNAT. Jupiter debout, marchant à gauche, la tête tournée à droite, tenant le foudre & l'aigle.
Billon, petit bronze.

N° 123 — IMP. C. POSTVMVS P. F. AVG. Bufte radié à droite.

℞. IOVI PROPVGNAT. Jupiter debout, marchant à gauche, la tête tournée à droite, le foudre dans la main droite; entre fes jambes l'aigle; dans le champ les fept étoiles de la grande Ourfe.
Billon. — Colleĉtion de M. Metayer Maffellin, à Bernay.

N° 124. — IMP. C. M. CASS. LAT. POSTVMVS P. F. AVG.
Bufte radié à droite.

℞. IOVI PROPV..... Jupiter vêtu d'une tunique courte
& de la chlamyde, marchant à gauche, la tête tournée à
droite, tenant deux attributs peu diftincts, fans doute le
foudre & l'aigle.
Moyen bronze.

Nº 125. — Même légende, même bufte.
℞. IOVI PROPVGNAT. Jupiter nu, dans la même pofe,
la chlamyde fur l'épaule, tenant l'aigle & le foudre.
Moyen bronze.

125ª. — La même médaille.
Grand bronze.

125ᵇ. — Même légende, même bufte.
℞. IOVI PROPVGNATORI. Jupiter dans la même pofe.
Moyen bronze. — Cabinet de France.

Nº 126. — IMP. C. POSTVMVS P. F. AVG. Bufte radié à droite.
℞. IOVI PROPVGNATORI. Jupiter debout, marchant à
gauche, la tête tournée à droite, tenant le foudre & l'aigle.
Billon.

Banduri, d'après Mezzabarba, décrit ce type en or & en billon.

Nº 127. — IMP. C. POSTVMVS P. F. AVG. Tête laurée à droite.
℞. I. O. M. SPONSORI SAECVLI AVG. L'empereur
debout à gauche, la tête laurée, en habit militaire, tenant
la hafte, la patère à la main, facrifie fur un trépied; en
face de lui, Jupiter nu, debout à droite, tenant le foudre
& le fceptre.
Moyen bronze. — Cabinet de France. — Cabinet de
Florence.

Nº 128. — POSTVMVS AVG. Bufte radié à gauche, la peau de lion
fur les épaules, la maffue dans la main droite.
℞. IOVI STATORI. Jupiter debout, tournant la tête à
droite & tenant le fceptre & le foudre.

Billon & petit bronze. — Cabinet de France & autres collections.

Banduri, d'après Mezzabarba, décrit ce type en or & en billon, & avec la légende : IMP. C. POSTVMVS P. F. AVG.

N° 129. — IMP. C. POSTVMVS P. F. AVG. Buſte radié à droite.
℞. IOVI STATORI. Jupiter debout, tournant la tête à droite, tenant le ſceptre & le foudre.
Billon & petit bronze.

N° 130. — Même légende, même buſte.
℞. IOVI VICTORI. Jupiter nu, debout, marchant à gauche, la tête tournée à droite, tenant le foudre & le ſceptre.
Billon & petit bronze.

N° 131. — Même légende, même buſte.
℞. IOVI VICTORI. Jupiter dans la même poſe, avec les mêmes attributs; entre ſes jambes l'aigle; dans le champ quatre étoiles, un diſque & une petite tête.
Petit bronze. — Collection de M. Métayer Maſſelin, à Bernay.

131ª. — Même légende, même buſte.
℞. IOVI VICTORI. Même type de Jupiter portant les mêmes attributs. Dans le champ, C. A. (*Colonia Agrippinenſis*).
Billon & petit bronze. — Muſée Britannique. — Collections de M. Péry, à Bordeaux, de M. A. Billard, à Breſt, & de l'auteur; autre exemplaire communiqué par M. Charvet. — *Revue numiſmatique*, 1862, p. 47. — Collection de M. le comte de Reneſſe-Breidbach, vendue à Bruxelles en 1864, *Cat.*, n° 1267.

N° 132. — IMP. C. POSTVMVS P. F. AVG. Buſte lauré à gauche.
℞. LAETITIA AVG. Galère, avec quatre rameurs.
Or. — Cabinet de Vienne. — Cabinet de la Haye. — *Cat. Van Damme*, n° 577, Amſterdam, 1807, in-8°.

N° 133. — IMP. C. POSTVMVS P. F. AVG. Buſte radié à droite.
℞. LAETITIA AVG. Galère.
Billon & petit bronze.

Banduri, d'après Mezzabarba, ajoute la légende : IMP. C. M. CASS. LAT. POSTVMVS
P. F. AVG.

N° 134. — Même légende, même buſte.
℞. LAETITIA AVG. Galère avec quatre rameurs, un mât & une voile.
Billon. — Collection de M. Van Miert, à Mons.

134ᵃ. — Même légende. même buſte.
℞. LAETITIA AVG. Galère avec mât & voiles, & cinq perſonnages.
Billon. — Collection de l'auteur.

N° 135. — IMP. C. M. CASS. LAT. POSTVMVS P. F. AVG. Buſte radié à droite.
℞. LAITITIA AVG. (*sic*). Galère.
Grand bronze.

N° 136. — IMP. C. M. CASS. LAT. PSTVMVS (*sic*) P. F. AVG. Buſte radié à droite.
℞. ....ΛETITIΛ ΛVG. (*sic*). Galère.
Grand bronze.

136ᵃ. — IMP. C. M. CASS. LAT. POSTVMVS P. F. AVG. Buſte radié à droite.
℞. LAETITIA AVG. Galère. A l'exergue, S. C.
Grand bronze. — Cabinet de France.

N° 137. — IM......CASS. LAT. POSTVMVS.....G. Buſte radié à droite.
℞. LAE...IA AVG. Galère avec mât.
Grand bronze. — Muſée de Rouen.

137ᵃ — IMP. C. M. CASS. LAT. POSTVMVS P. F. AVG. Buſte radié à droite.

℞. LAETITIA AVG. Galère avec mât, type varié du n° précédent.
Grand bronze. — Collection de M. Oppermann.

Nᵒ 138. — Même légende, même buste.
℞. ΛPIΛMI LIIV M. (*sic*). Galère. Au-dessous, palme.
Grand bronze.

138ᵃ. — IMP. C. POSTVMVS ... F. AVG. Buste radié à droite.
℞. ΛVMV TOV MΛ (*sic*). Galère. Au-dessous, palme.
Grand bronze.

Nᵒ 139. — VIRTVS POSTVMI ΛVG. Buste casqué à droite.
℞. LAETITIA AVG. Galère.
Grand bronze. — Cabinet de France & autres collections.

Nᵒ 140. — VIRTVS POSTVMI AVG. Buste casqué à gauche, avec la cuirasse & le bouclier, la haste dans la main droite.
℞. LAEITIA (*sic*). Galère.
Grand bronze. — Cabinet de France & autres collections.

Nᵒ 141. — IMP. C. POSTVMVS P. F. AVG. Buste lauré à droite.
℞. LAETITIA AVG. Galère.
Grand bronze.

141ᵃ. — La même médaille.
Moyen bronze.

141ᵇ. — Même légende, même buste.
℞. ....ETITIA. Galère. A l'exergue, S. C.
Grand bronze. — Collection de M. Misson, à Vienne (Isère).

141ᶜ. — IMP. C. POSTVMVS PIVS F. AVG. Buste lauré à droite.
℞. LAETITIA AVG. Galère.
Grand bronze.

Nᵒ 142. — IMP. POSTVMVS P. F. AVG. Buste lauré à gauche, la main droite levée.

℞. LAETITIA AVG. Galère.
Grand bronze. — Cabinet de France. — Mufée de Rouen & autres collections.

Nᵒ 143. — ....LAT. POSTVMVS P. F. AVG. Bufte radié à droite.
℞. ꟼΛMV. Galère. Au-deffous, palme.
Moyen bronze.

Nᵒ 144. — IMP. C. M. CASS. LAT. POSTVMVS P. F. AVG. Bufte radié à droite.
℞. .....ΛI....AVG. Galère dans une efpèce de baffin.
Moyen bronze.

Nᵒ 145. — IMP. C. POSTVMVS P. F. AVG. Bufte radié à droite.
℞. IIꟼ.... Galère.
Moyen bronze.

Nᵒ 146. — ..M.. POSTVMVS P. AVG.
℞. .....IA AVG. Galère, avec mât.
Moyen bronze.

146ᵃ. — ......T. POSTV....Bufte radié à droite.
℞. ....TIA AVG. Galère. A l'exergue,... C, pour S. C.
Moyen bronze. — Collection de M. Oppermann.

Nᵒ 147. — ANTONINVS AVG. PI...S ...V...OCL. Bufte radié à droite, furfrappé fur une tête d'Antonin-le-Pieux.
℞. ANNONA ...V... Galère.
Grand bronze. — Cabinet de France.

Nᵒ 148. — IMP...... Bufte radié à droite.
℞. ....ETIA. Galère avec mât.
Moyen bronze.

Nᵒ 149. — IMP. C. M. CASS. LAT. POSTVMVS AVG. Bufte radié à droite.
℞. LAETIT... AVG. Galère. Traces de furfrappe.
Grand bronze.

Nº 150. — IM. C. M. CASS. LAT. POSTV... A... Tête radiée
à droite, furfrappée fur une tête nue.
℞. LΛ..... NVS..... Λ. ΛVG. Galère, furfrappée fur
une tête de Trajan ou d'Hadrien.
Grand bronze. — Cabinet de France.

Nº 151. — Sans légende. Bufte radié de Poftume à droite, furfrappé
fur une tête laurée de Trajan.
℞. Sans légende. Galère. Traces de furfrappe.
Grand bronze. — Cabinet de France.

Nº 152. — .... STΛCSS. L. POSTVM... A... Tête radiée à droite,
furfrappée fur une tête de Fauftine la mère.
℞. I...A... S. C. Galère furfrappée fur le type d'*Hilaritas*.
Grand bronze. — Cabinet de France.

Le type de la galère eft un des types les plus fréquents de la numifmatique de Poftume ;
j'en ai décrit un grand nombre de variétés aux nᵒˢ précédents ; il eft impoffible de les indiquer
toutes, car prefque chaque exemplaire offre quelques légères différences, fans compter les
pièces de grand & de moyen bronze furfrappées fur des monnaies plus anciennes.

Nº 153. — IMP. C. POSTVMVS P. F. AVG. Bufte lauré à droite.
℞. LIBERALITAS AVG. L'empereur affis à gauche fur la
chaife curule & accompagné de la Libéralité debout,
tenant une teffère, & d'un garde prétorien, armé de la
hafte ; les trois perfonnages font placés fur une eftrade. Un
citoyen monte par une échelle pour s'approcher de l'empereur.
Or. — Collection de M. le duc de Blacas.

Nº 154. — POSTVMVS PIVS AVG. Tête laurée à droite.
℞. Légende effacée A.... Même type qu'au nº précédent, fi
ce n'eft que la Libéralité tient une teffère & une corne
d'abondance.
Or. — Autrefois du Cabinet de France, inventaire de 1685.
— Caylus, 940.

154ª. — IMP. C. POSTVMVS P. F. AVG. Bufte lauré à droite.

℞. LIBERTAS AVG. La Liberté debout à gauche, tenant un bonnet & une corne d'abondance.

Billon. — Tanini, *Numifm. Impp. Rom.*, p. 119.

Nº 155. — IMP. C. POSTVMVS P. F. AVG. Bufte radié à droite.

℞. MARS VICTOR. Mars cafqué & revêtu de la cuiraffe, debout à gauche, tenant la hafte & appuyé fur un bouclier.

Billon & petit bronze. — Cabinet de France. — Collection de l'auteur.

Nº 156. — Même légende, même bufte.

℞. MERCVRIO FELICI. Mercure à demi-nu, debout & de face, la tête tournée à droite, tenant la bourfe & le caducée.

Billon & petit bronze.

Nº 157. — ..... POSTVMVS PIVS F. AVG. Bufte lauré à droite.

℞. MERCVRIO PACIFERO. Mercure nu, debout de face, coiffé du pétafe & tenant le caducée. Dans le champ, S. C.

Grand bronze. — Cabinet de France & autres collections.

Nº 158. — ..... POSTVM..... Tête radiée à droite.

℞. MIN...V. AVG. Minerve armée du cafque, de la lance & du bouclier, marchant à gauche.

Moyen bronze. — Collection de M. Oppermann.

Nº 159. — IMP. C. POSTVMVS P. F. AVG. Bufte lauré à droite.

℞. MINER. FAVTR. Minerve cafquée, marchant à gauche, tenant une branche d'olivier, la lance & le bouclier.

Or. Mufée Britannique. — *Cat. Thomas*, nº 2614.

Nº 160. — IMP. C. POSTVMVS P. F. AVG. Bufte radié à droite.

℞. Même légende, même type.

Billon & petit bronze.

Nº 161. — ... POSTVMVS P. F. AVG. Bufte radié à droite.

℞. ....ER. FAVI... Même type, dans le champ, S. C.

Grand bronze.

161ª. — .... POSTVMVS P. F. Bufte radié à droite.
℞. MINER... ΛVTR. Même type. Dans le champ, S. C.
Moyen bronze.

Nº 162. — IM... SS. LAT. POSTVMVS P. P. (*sic*) AVG. Bufte radié à droite.
℞. MINERVE (*sic*). ..... TR. Minerve cafquée, marchant à gauche, tenant une branche d'olivier, la lance & le bouclier.
Grand bronze.

Nº 163. — IMP. C. POSTVMVS P. F. AVG. Bufte radié à droite.
℞. MONETA AVG. La Monnaie debout à gauche, tenant une corne d'abondance & des balances.
Billon & petit bronze.

Banduri, d'après Mezzabarba, décrit ce type en or & en billon.

Nº 164. — IMP. C. POSTVMVS P. F. AVG. Bufte radié à droite.
℞. Même légende, même type varié.
Billon.

Nº 165. — Même légende, même bufte furfrappé.
℞. MONETA AVG. Même type, furfrappé. La légende eft double, parce que le coin a tréflé.
Billon.

165ª. — IMP. CAS. OTVNIVS P. E. ΛC (*sic*). Bufte radié à droite.
℞. MONTA AVG. (*sic*). Même type.
Billon. — Collection de M. Oppermann.

Nº 166. — IMP. C. POSTVMVS P. F. AVG. Bufte radié à droite.
℞. MONETA AVG. Même type.
Moyen bronze.

Nº 167. — .... CASS. LAT. POSTVMVS PIVS. Bufte radié à droite.

℞. MONETA AVGG. Même type. Médaille furfrappée. Grand bronze.

Un des exemplaires du Cabinet de France porte : MONITA (*sic*).

N° 168. — IMP. C. M. CASS. LAT. POSTVM.... Bufte radié à droite.

℞. MONTAT AVG. (*sic*). Femme debout, la tête tournée à droite & tenant dans chaque main une branche. Dans le champ, S. S. (*sic*).
Moyen bronze.

N° 169. — IMP. C. POSTVMVS P.... Tête radiée à droite.

℞. MONETA AVG. La Monnaie debout, la tête tournée à gauche. A côté, dans le champ, une corne d'abondance.
Moyen bronze.

169ª. — IMP. C. POSTVMVS P. F. AVG. Tête radiée à droite.

℞. MONETA AVG. Les trois Monnaies debout avec leurs attributs.
Médaillon de billon. — Tanini, p. 119, de fa collection.

N° 170. — IMP. C. POSTVMVS P. F. AVG. Bufte lauré à droite.

℞. NEPT. COMITI. Neptune nu, debout à gauche, le pied droit pofé fur une proue de vaiffeau, un dauphin dans la main droite, le trident dans la gauche.
Or. — Collection de M. Profper Dupré, aujourd'hui du Cabinet de France. — *Cat. d'Ennery*, n° 376. — *Mus. Wiczay Hedervar.*, t. II, n° 494, tab. 1, n° 13.

Il y avait un autre exemplaire au Cabinet de France, avant le vol de 1831, inventaire de 1788.

N° 171. — IMP. C. POSTVMVS P. F. AVG. Bufte radié à droite.

℞. NEPTVNO REDVCI. Neptune nu, debout à gauche, tenant un dauphin et le trident; à ses pieds un vaiffeau.
Billon & petit bronze.

Banduri, d'après Mezzabarba, décrit ce type en or & en billon.

171 ^a. — Même légende, même bufte.

    R/. NEPTVNO REDVCI. Même type, mais sans le vaiffeau.

    Billon.

N° 172. — ...IS. AS.....S. Tête radiée à droite.

    R/. Légende effacée. Neptune debout à gauche, tenant le trident & un dauphin.

    Moyen bronze. — Collection de l'auteur.

N° 173. — ....P. C. M. CASS. LAT. POST..... Tête radiée à droite.

    R/. NEPTVИO R..... Neptune nu, debout à gauche fur un vaiffeau, tenant un dauphin & le trident.

    Grand bronze.

173 ^a. — La même médaille.

    Moyen bronze.

173 ^b. — IMP. C. POSTVMVS P. F. AVG. Bufte radié à droite.

    R/. NEPTVNO REDVCI. Même type ; quelquefois sans le vaiffeau.

    Moyen bronze.

N° 174. — IMP. C. POSTVMVS P. F. AVG. Bufte radié à droite.

    R/. ORIENS AVG. Le Soleil debout, la tête radiée, marchant à gauche, la main droite levée, un fouet dans la gauche. Dans le champ à gauche, P.

    Billon & petit bronze.

Banduri indique auffi la lettre C dans le champ.

Il exifte un coin de Becker. POSTVMVS PIVS FELIX AVG. Tête laurée à droite.

R/. ORIENS AVG. Le Soleil debout de face, la tête tournée à gauche, levant la main droite & tenant le globe.

Ce revers eft connu fur une médaille de petit bronze de Tétricus le fils. (Voir à Tétricus le fils, pl. XLVI, n° 35.)

La pièce d'or du Mufée Lavy, à Turin, n° 3975, n'eft qu'un coin de Becker, ainfi que celle du Mufée Wiczay, n° 495.

N° 175. — Même légende, même bufte.

℞. ORIENS AVG. Même type.
Billon, petit bronze.

Banduri, d'après Mezzabarba, décrit ce type en or & en billon.

175ᵃ. — ...M... POSTVMVS II F. AVG. Buſte radié à droite.
℞. oPIO... (*sic*). Même type. Dans le champ, P. Pièce
barbare.
Billon. — Collection de l'auteur.

Nº 176. — IMP. C. POSTVMVS P. F. AVG. Buſte lauré à droite.
℞. ORIENS. Le Soleil debout dans un quadrige à gauche,
la main droite levée, la gauche armée du fouet. A l'exergue,
...C. (AVG)? ou (S. C.)?
Grand bronze. — Cabinet de France.

Nº 177. — IMP. C. POSTVMVS P. F. AVG. Buſte radié à droite.
℞. PACATOR ORBIS. Buſte radié du Soleil à droite.
Billon, petit bronze.

Banduri, d'après Mezzabarba, ajoute la légende : POSTVMVS PIVS AVG.

Ce même buſte radié, dans lequel on a cru reconnaître le portrait de Poſtume fils,
paraît ſur les médailles d'or & d'argent de Trajan à la légende : PARTHICO P. M. TR.
P. COS. VI P. P. S. P. Q. R. (Cohen, *Impériales*, t. 11, pp. 18 & 19, nᵒˢ 99, 100 &
101) ; ſur les médailles d'or d'Hadrien à la légende : ORIENS (Cohen, t. 11, p. 139, nᵒˢ
330-333) ; ſur les médailles d'or & d'argent de Septime Sévère & de Caracalla, à la légende :
PACATOR ORBIS (Cohen, t. 111, p. 259 & 260, nᵒˢ 227 & 228, & p. 376, nᵒˢ 113 &
114) ; ſur une médaille d'or de Victorin, à la légende : INVICTVS (Cohen, t. v, p. 66,
nᵒ 28. — Voir notre pl. xxvi, nᵒ 25) ; ſur des médailles d'or & de petit bronze de
Probus, à la légende : SOLI INVICTO COMITI AVG. (Cohen, t. v, p 229,
nᵒ 38, p. 295, nᵒ 536) ; ſur une médaille de petit bronze de Numérien, à la légende :
ORIENS AVGG. (*Revue numiſmatique*, 1864, p. 108) ; ſur des médailles de petit bronze de
Carauſius, à la légende : PACATOR ORBIS (Cohen, t. v, p. 524, nᵒ 163). Le même
buſte eſt aſſocié à celui de la Lune, ſur les médailles d'or & de billon de Poſtume, à la légende :
CLARITAS AVG. (Cohen, t. v, p. 15, nᵒˢ 8 & 9. — Voir notre pl. 1, nᵒ 15) ; au buſte de
Victorin, ſur des médailles d'or de ce prince (Cohen, t. v, p. 69, nᵒ 44.—Voir notre pl. xxvii,
nᵒˢ 42 & 46) ; au buſte de Probus, ſur des médaillons de bronze de ce prince (Cohen, t. v,
p. 234, nᵒ 66, p. 235, nᵒ 69, p. 237, nᵒ 77) ; au buſte de Carus, ſur des médailles de petit
bronze (Cohen, t. v, p. 322, nᵒˢ 44 & 45) ; au buſte de Dioclétien, ſur des médailles de
petit bronze (Cohen, t. v, p. 395, nᵒ 148).

N° 178. — POSTVMVS PIVS FELIX AVG. Buftes laurés & accolés
de Poftume & d'Hercule à droite.
℞. PAX AVG. La Paix debout à gauche, tenant un rameau
d'olivier et un fceptre.
Billon. — Mufée Hunter, à Glafgow.

N° 179. — POSTVMVS AVG. Bufte radié à gauche, la peau de lion
fur l'épaule & la maffue dans la main droite.
℞. PAX AVG. La Paix debout à gauche, tenant un rameau
d'olivier & un fceptre.
Billon & petit bronze. — Cabinet de France. — Collection de l'auteur & autres collections.

Eckhel (*Cat. Muf. Cæfarei Vindob.*, t. ii, p. 386) décrit un exemplaire de billon où la
maffue fur l'épaule de Poftume eft remplacée par la hafte.

N° 180. — IMP. C. POSTVMVS P. F. AVG. Bufte radié à droite.
℞. PAX AVG. La Paix debout à gauche, tenant un rameau
d'olivier & un fceptre.
Billon & petit bronze.

Banduri, d'après Mezzabarba, décrit ce type en or & en billon.

N° 181. — Même légende, même bufte.
℞. PAX AVG. La Paix debout à gauche, tenant un rameau
d'olivier & un fceptre. Dans le champ à gauche, P.
Billon & petit bronze.

181ᵃ. — Même légende, même bufte.
℞. PAX AVG. Même type. Dans le champ, V & une étoile.
Petit bronze.

N° 182. — Même légende, même bufte.
℞. PAX AVG. La Paix marchant à gauche, tenant un rameau
d'olivier & un fceptre.
Billon & petit bronze.

N° 183. — IMP. C. POSTVMVS P. F. AVG. Bufte radié à droite.
℞. PAX AVG. La Paix marchant à gauche & tenant un

rameau d'olivier & un fceptre. Deffous, traces d'une tête
impériale; pièce furfrappée.
Grand bronze. — Cabinet de France.

N° 184. — IMP. C. M. CASS. LAT. POSTVMVS P. F. AVG.
Bufte radié à droite.

℞. PAX AVG. La Paix marchant à gauche & tenant un
rameau d'olivier & un fceptre. Dans le champ, S. C.
Moyen bronze.

184ᵃ. — La même médaille, mais fans S. C.
Grand bronze.

Banduri décrit une médaille de grand bronze avec la légende : PAX AVG. & le type
de la Victoire marchant à gauche.

N° 185. — IMP. C. POSTVMVS P. F. AVG. Bufte radié à droite.

℞. PAX ...VG. La Paix marchant à droite, tenant un
fceptre & un rameau d'olivier.
Moyen bronze. — Cabinet de France.

N° 186. — ...IIɴƆIC... Bufte radié à droite.

℞. PIIꟼ. ΛVI. (pour *Pax Aug.*) La Paix marchant à gauche
& tenant un fceptre.
Moyen bronze. — Collection de l'auteur.

N° 187. — IMP. C. POSTVMVS P. F. AVG. Bufte radié à droite.

℞. PAX AVG. La Paix debout à gauche, tenant un rameau
d'olivier & un caducée.
Moyen bronze. — Cabinet de France.

N° 188. — ...IP. C. M. CASS. LAT. POSTVMVS PIVS I....
Bufte radié à droite.

℞. ..... AVG. La Paix marchant à gauche & tenant un
fceptre.
Moyen bronze.

N° 189. — Légende barbare & complètement indéchiffrable. Bufte
radié à droite.

℞. Λ✕ЯΛ. IΛ. Perſonnage debout, vêtu d'une tunique courte, marchant à gauche, la main droite levée & s'appuyant ſur une eſpèce de rameau.
Petit bronze.

N° 190. — Légende barbare & complètement indéchiffrable. Buſte radié à droite.
℞. X Ʊ ꟼ V. (pour *Pax Aug.*) La Paix debout à droite, tenant un ſceptre.
Petit bronze.

N° 191. — IMP. C. ᗡOSTVWVSЬF.... (*sic*). Tête radiée à droite.
℞. Ɔ H. La Paix debout à gauche, la main droite levée.
Petit bronze.

N° 192. — IMP. C. POSTVMVS P. F. AVG. Buſte radié à droite.
℞. PAX AVGVSTI. La Paix debout à gauche, tenant un rameau d'olivier & un ſceptre.
Billon.

N° 193. — IMP. C. POSTVMVS P. F. AVG. Buſte radié à droite.
℞. PAX EQVITVM. La Paix debout à gauche, tenant un rameau d'olivier & un ſceptre. A l'exergue, T.
Billon & petit bronze.

N° 194. — POSTVMVS PIVS AVG. Buſte lauré à droite.
℞. PIETAS AVG. La Piété debout à gauche, tenant ſur chaque bras un enfant; à ſes pieds deux autres enfants.
Or. — Cabinet de Vienne. — Autrefois du Cabinet de France, inventaire de 1685. — Caylus, 933.

N° 195. — IMP. C. POSTVMVS P. F. AVG. Buſte radié à droite.
℞. PIETAS AVG. Même type.
Billon, petit bronze.

Banduri décrit une variété où l'on voit la Piété debout levant les deux mains.

N° 196. — IMP. C. POSTVMVS P. F. AVG. Buſte lauré à droite.

℞. P. M. TR. P. COS. P. P. Lion, la tête radiée, marchant
à gauche, un trait ou un foudre dans la gueule.
Or. — Mufée Britannique. — Cabinet de Drefde. —
Autrefois du Cabinet de France, inventaire de 1685. —
Caylus, 987.

N° 197. — IMP. C. POSTVMVS P. F. AVG. Bufte lauré à droite.
℞. P. M. TR. P. COS. P. P. Lion, la tête radiée, marchant
à droite, un trait dans la gueule.
Billon. — Collections de MM. Pr. Dupré & le comte de
Salis, aujourd'hui au Mufée Britannique. — Collection
Goffellin, *Cat.*, n° 1175, aujourd'hui dans celle de l'auteur.
— *Cat. d'Ennery*, n° 1960.

N° 198. — IMP. C. POSTVMVS P. F. AVG. Tête radiée à droite.
℞. V. M. TЯ. P. COS. I P. P. (*sic*). L'empereur cafqué,
en habit militaire, debout à gauche, tenant la hafte.
Billon. — Collection de M. Oppermann.

N° 199. — IMP. C. M. CASS. LAT. POSTVMVS P. F. AVG.
Bufte radié à droite
℞. P. M. T. P. COS. Galère. Deffous, palme.
Cette pièce femble avoir été retouchée.
Grand bronze. — Cabinet de France.

Banduri décrit une médaille de grand bronze portant le type de l'empereur cafqué, en
habit militaire, debout à gauche, tenant la hafte & le globe, accompagné de la légende :
P. M. TR. P. COS. P. P. C'eft probablement une pièce du fecond confulat. — Voir
n°ˢ 200-211.

N° 200. — IMP. C. POSTVMVS P. F. AVG. Bufte lauré à droite.
℞. P. M. TR. P. COS. II P. P. L'empereur cafqué, en
habit militaire, debout à gauche, tenant le globe & la hafte.
Or. — Mufée Britannique.

N° 201. — IMP. C. POSTVMVS P. F. AVG. Bufte radié à droite.
℞. P. M. TR. P. COS. II P. P. L'empereur cafqué, en

habit militaire, debout à gauche, tenant le globe & la haſte.
Billon, petit bronze.

Banduri, d'après Mezzabarba, décrit la même médaille en or & en billon, mais avec la
légende au droit : IMP. C. M. CASS. LAT. POSTVMVS P. F. AVG. Le même
auteur indique également une pièce d'or avec la légende : POSTVMVS PIVS AVG.

Nº 202. — IMP. C. POSTVMVS P. F. AVG. Tête laurée à droite.
℞. P. M. TR. P. COS. II P. P. Même type.
Billon, quinaire. — Baron Marchant, *Lettres ſur la numiſ-
matique & l'hiſtoire*, lettre xxvi, pl. xxv, nº 9, édit. de
Leleux, Paris, 1851.

Nº 203. — IMP. POSTVMVS P. F. AVG. Tête laurée à droite.
℞. P. M. TR. P. COS. II P. P. Même type, ſi ce n'eſt que
l'empereur a la tête nue.
Billon, quinaire. — Chez M. Rollin.

Nº 204. — IMP. C. M. CASS. LAT. POSTVMVS P. F. AVG.
Buſte radié à droite.
℞. P. M. TR. P. COS. II P. P. L'empereur caſqué, debout
à droite, en habit militaire, tenant la haſte & appuyé ſur
un bouclier. A l'exergue, S. C.
Grand bronze. — Muſée Britannique.

Nº 205. — IMP. C. M. CASS. LAT. POSTVMVS P. F. AVG.
Buſte radié à droite.
℞. P. M. TR. P. COS. II P.P. L'empereur caſqué, en habit
militaire, debout à gauche, tenant le globe & la haſte.
Dans le champ, S. C.
Grand bronze.

205ª. — La même médaille.
Moyen bronze.

Nº 206. — Même légende, même buſte.
℞. P. M. TR. P. COS. II P. P. L'empereur en habit mili-
taire, debout à gauche, tenant le globe & la haſte.
Grand bronze.

N° 207. — Même légende, même buſte.

  ℞. ..... S. II P.P. L'empereur caſqué, en habit militaire, debout à droite, tenant la haſte & appuyé ſur un bouclier. Grand bronze.

N° 208. — IMP. C. POSTVMVS PIVS F. AVG. Buſte lauré à droite.

  ℞. P. M. TR. P. COS. II P. P. L'empereur caſqué, en habit militaire, debout à gauche, tenant la haſte & le globe. Dans le champ, S. C.

  Grand bronze. — Cabinet de France & autres collections.

208ᵃ. — IMP. C. POSTVMVS P. F. AVG. Buſte lauré à droite.

  ℞. P. M. TR. P. COS. II P.P. Même type. Dans le champ, S. C.

  Grand bronze.

N° 209. — IMP. C. POSTVMVS P. F. AVG. Buſte lauré à gauche, la main droite levée.

  ℞. P. M. TR. P. COS. II P. P. Même type.

  Grand bronze. — Cabinet de France & autres collections.

209ᵃ. — Même légende, même buſte, avec le bouclier.

  ℞. P. M. TR. P. COS. II P.P. Même type.

  Grand bronze. — Collection de M. Oppermann.

N° 210. — VIRTVS POSTVMI AVG. Buſte caſqué à droite.

  ℞. P. M. TR. P. COS. II P. P. Même type. Dans le champ, S. C.

  Grand bronze. — Cabinet de France. — Collection de l'auteur & autres collections.

N° 211. — VIRTVS POSTVMI AVG. Buſte caſqué à gauche, avec le bouclier & la haſte dans la main droite.

  ℞. ...M. TR. P. COS. II P. P. Même type. Dans le champ, S. C.

  Grand bronze. — Cabinet de France.

N° 212. — POSTVMVS AVG. Buſte caſqué à gauche. Le caſque
orné d'un bige & d'une tête de bélier.

R̷. P. M. G. M. T. P. COS. III P. P. Trophée au pied
duquel ſont aſſis deux captifs germains.

Or. — Muſée Britannique. — Cabinet de Madrid. —
Collection de M. le major de Rauch, à Berlin. — Autrefois
du Cabinet de France, inventaire de 1685. — Caylus, 938.
— *Cat. d'Ennery*, n° 377.

N° 213. — IMP. C. POSTVMVS P. F. AVG. Tête laurée à droite.

R̷. P. M. TR. P. COS. III P. P. Lion marchant à droite.
Or, quinaire. — Collection de M. Proſper Dupré, aujour-
d'hui au Muſée Britannique. — *Mus. Wicʒay Hedervar.*,
t. II, n° 490, tab. 1, n° 10.

Cette pièce a été trouvée aux environs de Francfort.

N° 214. — IMP. C. POSTVMVS P. F. AVG. Buſte radié à droite.

R̷. P. M. TR. P. COS. III P. P. L'empereur caſqué, en
habit militaire, debout à gauche, tenant le globe & la
haſte.
Billon & petit bronze.

N° 215. — Même légende, même buſte.

R̷. P. M. TR. P. III COS. III P. P. Mars nu & caſqué,
marchant à droite, tenant de la main droite la haſte &
portant ſur l'épaule gauche un trophée.
Billon & petit bronze.

N° 216. — IMP. C. POSTVMVS P. F. AVG. Buſte lauré à droite.

R̷. P. M. TR. P. III COS. III P. P. L'empereur debout,
tourné à gauche, la tête voilée, ſacrifiant ſur un trépied &
tenant de la main gauche le ſceptre.
Or. — Collection de M. le duc de Blacas.

N° 217. — ..M. C. M. CASS. LAT. POSTVMVS PIVS A..G.
Buſte radié à droite.

℞. P..... CO.. III P. P. Mars nu & cafqué, marchant à droite, tenant de la main droite la hafte & portant fur l'épaule gauche un trophée.

Moyen bronze. — Collection de l'auteur.

Banduri décrit ce type en grand bronze, avec le fecond confulat, COS. II, ce qui paraît être une erreur.

N° 218. — IMP. M. CASS. LAT. POSTVMVS P. F. AVG. Bufte radié à droite.

℞. P. M. TR. P. COS. III P. P. L'empereur cafqué, en habit militaire, debout à gauche, tenant de la main droite le globe & de la gauche la hafte. Dans le champ, S. C.

Grand bronze.

218ª. — La même pièce, fans S. C. dans le champ.

Grand bronze.

N° 219. — ...... POSTVMVS P. F. AVG. Bufte radié à droite.

℞. P. M. TR. P. COS. C. III. P. P. Même type.

Moyen bronze furfrappé.

N° 220. — IMP. C. M. CASS. LAT. POSTVMVS P. F. AVG. Bufte radié à droite.

℞. P. M. TR. P. COS. III P. P. Mars marchant à droite, nu & cafqué, tenant de la main droite la hafte & portant un trophée fur l'épaule gauche.

Grand bronze.

N° 221. — IMP. C. POSTVMVS P. F. AVG. Bufte lauré à droite.

℞. P. M. TR. P. COS. III P. P. L'empereur cafqué, en habit militaire, debout à gauche, tenant le globe & la hafte. Dans le champ, S. C.

Grand bronze.

N° 222. — POSTVMVS AVG. Bufte cafqué à gauche. Sur le cafque une tête de bélier & un bige à gauche, conduit par la Victoire.

℞. P. M. TR. P. IIII COS. III P P. Mars nu & cafqué, marchant à droite, tenant de la main droite la hafte & portant un trophée fur l'épaule gauche.
Or. — Cabinet de France. — Caylus, 937.

N° 223. — POSTVMVS PIVS AVG. Tête laurée à droite.
℞. P. M. TR. P. IIII COS. III P. P. Même type.
Billon. — Mufée Hunter, à Glafgow.

N° 224. — IMP. C. POSTVMVS P. F. AVG. Bufte radié à droite.
℞. P. M. TR. P. IIII COS. III P. P. Mars cafqué, marchant à droite, tenant de la main droite la hafte & portant un trophée fur l'épaule gauche.
Billon, petit bronze.

N° 225. — IMP. C. M. CASS..... II... VGG. Bufte radié à droite. Traces de furfrappe.
℞. ..... TR. P. IIII ..SS. LAT. AVG. P. P.....VS AVG... Mars cafqué, marchant à droite, tenant de la main droite la hafte & portant un trophée fur l'épaule gauche. Traces d'une tête impériale laurée qui paraît être celle d'Antonin-le-Pieux.
Grand bronze. — Cabinet de France.

225ᵃ. — La même médaille.
Moyen bronze.

N° 226. — POSTVMVS PIVS AVG. Tête laurée à droite.
℞. P. M. TR. P. IMP. V COS. III P. P. L'empereur vêtu de la toge, affis fur la chaife curule à gauche, tenant de la main droite le globe & de la gauche le fceptre ou le bâton de commandement.
Or. — Cabinet de France. — Cabinet de Copenhague. — Collections de MM. Profper Dupré, B. Friedländer, à Berlin, l'abbé Defnoyers, à Orléans. — Caylus, 945.

Il exifte un coin de Becker portant au droit la légende : IMP. C. POSTVMVS P. F. AVG. Tête laurée à droite.

N° 227. — POSTVMVS AVG. Bufte cafqué à gauche. Sur le cafque un bige & une tête de bélier.

    ℞. P. M. TR. P. IMP. V COS. III P. P. L'empereur vêtu de la toge, affis fur la chaife curule à gauche, tenant de la main droite le globe & de la gauche le fceptre ou le bâton de commandement.

    Or. — Collection de M. le duc de Blacas. — *Cat. d'Ennery*, n° 378.

N° 228. — POSTVMVS PIVS AVG. Bufte lauré à droite.

    ℞. P. M. T. P. IMP. $\overline{V}$ COS. III P. P. L'empereur en habit militaire, debout à gauche, fuivi d'un homme & d'un enfant, facrifie fur un autel placé devant un temple rond dont la coupole eft furmontée d'une ftatue; en face de l'empereur, de l'autre côté de l'autel, deux femmes voilées accompagnées d'une jeune fille. L'une des femmes porte une boîte à encens.

    Or. — Collection de M. Pr. Dupré, aujourd'hui du Cabinet de France. — Cabinet de Berlin. — *Muf. Wicʒay Hedervar.*, n° 491, tab. I, n° 11. — Voir un article de M. Pr. Dupré, dans la *Revue numifmatique*, 1846, p. 20 & fuiv.

228ᵃ. — IMP. C. M. CASS. LAT. POSTVMVS P. F. AVG. Bufte radié à droite.

    ℞. P. M. TR. P. COS. V. L'empereur cafqué, debout à droite, tenant une hafte & appuyé fur un bouclier.

    Moyen bronze. — Banduri.

Banduri décrit auffi un petit bronze portant la légende : P. M. TR. P. V COS. V P. P. L'empereur debout, tenant un rameau de laurier & une hafte. C'eft évidemment la médaille décrite fous le n° 239 & portant : P. M. TR. P. X COS. V P. P.

N° 229. — POSTVMVS PIVS AVG. Tête laurée à gauche.

    ℞. P. M. TR. P. VI COS. III P. P. L'empereur debout,

vêtu de la toge, à gauche, tenant un fceptre & donnant la main à Rome cafquée, affife fur des armes & appuyée fur une hafte.

Or. — Collection de M. Profper Dupré, aujourd'hui du Cabinet de France.

N° 230. — POSTVMVS PIVS AVG. Tête laurée à droite.

℞. P. M. TR. P. VI COS. III P. P. Temple hexaftyle au fond duquel on voit la ftatue de Jupiter affis, portant la Victoire fur la main droite & tenant un fceptre dans la gauche. Dans le tympan du fronton, Jupiter affis lançant la foudre.

Or. — Collection de la Bibliothèque de la ville de Leipzig, vendue en 1853. *Catalogue*, n° 1180.

N° 231. — POSTVMVS PIVS AVG. Tête laurée & radiée à droite.

℞. P. M. TR. P. VII COS. III P. P. L'empereur debout, tourné à gauche, la tête voilée, facrifiant fur un autel & tenant de la main gauche un fceptre. A gauche, Mercure debout, tournant la tête à droite & tenant de la main droite la bourfe & de la gauche le caducée.

Or. — Collection de M. le duc de Blacas.

N° 232. — POSTVMVS PIVS AVG. Tête laurée à droite.

℞. P. M. TR. P. VII COS. III P. P. Même type.

Or. — Collection de M. Pr. Dupré, aujourd'hui du Cabinet de France.

Banduri, d'après Mezzabarba, décrit une pièce d'or : IMP. C. POSTVMVS P. F. AVG. ℞. P. M. TR. P. VII COS. III P. P. Mars marchant à droite & portant une hafte & un trophée. C'est probablement une des pièces nᵘˢ 222, 223 ou 224, avec la quatrième puiffance tribunitienne. P. M. TR. P. IIII COS. III P. P.

N° 233. — POSTVMVS PIVS AVG. Tête laurée à droite.

℞. P. M. T. P. COS. IIII P. P. L'empereur dans un char de triomphe à gauche, tenant dans la main droite une branche de laurier.

Or. — Autrefois du Cabinet de France, inventaire de 1685.
— Caylus, 939.

Il exiftait dans la collection de la Bibliothèque de Leipzig, *Cat.* nᵒ 3543, une pièce d'argent ou de billon, portant un type femblable. Cette pièce avait été probablement moulée fur un aureus. — Banduri décrit auffi une pièce de billon avec le même type.

Nᵒ 234. — POSTVMVS PIVS FELIX AVG. Têtes laurées & accolées de Poftume & d'Hercule à droite.
℟. P. M. T. P. COS. IIII P. P. L'empereur dans un char
de triomphe à gauche.
Petit bronze. — Chez M. Rollin.

J'ai vu un petit bronze tout à fait femblable, mais la légende du revers avait été refaite. On y lifait : VICTORIA AVGG. — Cf. *Cat. Pembroke*, nᵒ 1410. — *Revue numifm.*, 1859, p. 438, note.

Nᵒ 235. — IMP. C. POSTVMVS P. F. AVG. Bufte radié à droite.
℟. P. M. TR. P. COS. IIII P. P. L'empereur cafqué, en
habit militaire. debout à gauche, tenant le globe & la
hafte.
Petit bronze. — Collection de M. Metayer Maffelin, à
Bernay. — *Numifmatic Chronicle*, t. XX, 1859, p. 123.

La première de ces pièces a été trouvée à Caudebec (Seine-Inférieure) & la feconde à Verulam.

Banduri, d'après Mezzabarba, décrit une pièce d'or avec la même légende, mais avec le type de Mars tenant la hafte.

Nᵒ 236. — Même légende, même bufte radié à droite.
℟. P. M. TR. P. VIIII COS. IIII P. P. Arc, maffue &
carquois plat.
Billon. — Cabinet de France & autres collections.

Nᵒ 237. — POSTVMVS AVG. Bufte radié à gauche, la peau de
lion fur les épaules, la maffue dans la main droite.
℟. P. M. TR. P. VIIII COS. IIII P. P. Arc, maffue &
carquois plat.
Billon, petit bronze. — Cabinet de France. — Collections

de M. Dupré & de l'auteur. — *Revue numifm.*. 1844,
pl. x, n° 15.

N° 238. — IMP. C. POSTVMVS P. F. AVG. Bufte radié à droite.
℞. P. M. I..... III (pour *Tr. p.* VIIII) COS. IIII P. P.
Arc, maffue & carquois rond.
Billon. — Collection de M. Oppermann.

Banduri s'eft trompé en décrivant ces pièces avec la légende : P. M. TR. P. VIII COS.
IIII P. P. Je n'ai pas vu une feule pièce de Poftume avec la mention de la huitième puiffan ce
tribunitienne : TR. P. VIII.

N° 239. — Même légende, même bufte.
℞. P. M. TR. P. X COS. V P. P. L'empereur debout,
vêtu de la toge, à gauche, tenant dans la main droite une
branche de laurier & dans la gauche un fceptre.
Billon & petit bronze.

Banduri décrit ce type en petit bronze accompagné de la légende : P. M. TR. P. V COS
V (*fic*) P. P. C'eft évidemment une erreur, à moins que la pièce ne foit de travail barbare.
Avec la cinquième puiffance tribunitienne, il faudrait : COS. III ; avec le cinquième confulat
il faudrait : TR. P. X.

N° 240. — IMP. C. POSTVMVS P. F. AVG. Bufte radié à droite.
℞. P. M. TR. P. X COS. V P. P. Victoire debout à droite,
le pied gauche fur un globe & tenant un bouclier fur
lequel eft écrit VO. XX.
Billon. — Cabinet de France. — Collection Goffellin,
Cat., n° 1169. — *Cat. d'Ennery*, n° 1967.

Beger (*Thes. Brand.*, t. II, p. 751) décrit une médaille tout à fait femblable, dont la
légende porte : TR. P. X COS. V P. P. C'eft fans aucun doute une légende incomplète.

N° 241. — POSTVMVS AVG. Bufte cafqué à gauche. Sur le cafque
un bige & une tête de bélier.

℞. PROVIDENTIA AVG. La Providence debout à gauche,
les jambes croifées, appuyée fur un cippe, indiquant avec
une baguette un globe qui eft à fes pieds, & tenant de
la main gauche une corne d'abondance.

Or. — Cette médaille eſt entourée d'une large bordure découpée. — Cabinet de France. —*Mus. Wiczay Hedervar.*, t. II, n° 496, tab. 1, n° 14.

N° 242. — POSTVMVS AVG. Buſte caſqué à gauche. Le caſque orné d'un bige conduit par la Victoire & d'une tête de bélier.

℞. PROVIDENTIA AVG. Même type.

Or. — Collections de M. Pr. Dupré, & de M. le duc de Blacas. — Autrefois du Cabinet de France, inventaire de 1685. — Caylus, 934.

Il exiſte un coin de Becker portant au revers: PROVIDENTIA DEORVM.

N° 243. — POSTVMVS AVG. Buſte caſqué à gauche. Sur le caſque, un bige.

℞. PROVIDENTIA AVG. La Providence debout à gauche, tenant de la main droite le globe & de la gauche une corne d'abondance ou un ſceptre.

Or, quinaire. — Autrefois du Cabinet de France, du Cabinet de Sainte-Geneviève, & *Catalogue mſ. des médailles de la collection du duc d'Orléans*, 1738.

N° 244. — POSTVMVS AVG. Buſte caſqué à gauche. Le caſque orné d'un bige.

℞. PROVIDENTIA AVG. La Providence debout à gauche, tenant de la main droite le globe & de la gauche un ſceptre.

Or, quinaire. — Cabinet de Vienne. — Collection de M. Ch. Robert.

N° 245. — POSTVMVS PIVS AVG. Tête laurée à droite.

℞. PROVIDENTIA AVG. La Providence debout à gauche, les jambes croiſées, appuyée ſur une colonne, montrant avec une baguette un globe qui eſt à ſes pieds, & tenant de la main gauche une corne d'abondance.

Or, entouré d'un cercle antique. — Cabinet de France. — Cabinet de La Haye. — Collections de MM. Ponton d'Amécourt & Fr. Soret, à Genève. — *Cat. Van Damme*, n° 578, Amsterdam, 1807, in-8°.

Banduri, d'après Mezzabarba, décrit deux autres pièces d'or portant la même légende & ayant pour types une galère & une figure debout, tenant une haste & un globe.

N° 246. — Même légende, même tête.

℞. Même légende, même type varié.

Billon. — Cabinet du Roi, à Turin.

N° 247. — IMP. C. POSTVMVS P. F. AVG. Buste radié à droite.

℞. PROVIDENTIA AVG. La Providence debout à gauche, tenant de la main droite le globe & de la gauche un sceptre.

Billon & petit bronze.

Banduri indique une variété où la Providence tient une patère et un sceptre.

N° 248. — Même légende, même buste.

℞. PROVIDENTIA AVG. La Providence debout à gauche, les jambes croisées, appuyée sur un cippe & tenant une corne d'abondance. A ses pieds un globe.

Billon. — Cabinet de Vienne. — Collection de M. Oppermann. — Josephus de France, *Cimelium Austr. Vindob.*, tab. XIII, n° 1.

N° 249. — IMP. C. POSTVMVS P. F. AVG. COS. III. Buste lauré à droite.

℞. PROVIDENTIA AVG. La Providence debout à gauche, les jambes croisées, appuyée sur un cippe & tenant de la main droite une baguette, & de la gauche la corne d'abondance. A ses pieds un globe.

Argent. — Collection Gosselin, *Cat.*, n° 1171. — Collection de l'auteur. — *Cat. d'Ennery*, n° 1962.

N° 250. — ..... ASS. LAT. POSTVMVS P. F. AVG. Bufte radié
à droite.

℞. PROVIDENTIA AVG. La Providence debout à gauche,
tenant de la main droite le globe & de la gauche un fceptre.
Grand bronze.

250ᵃ. — La même médaille.
Moyen bronze.

N° 251. — POSTVMVS AVG. Bufte cafqué à gauche. Sur le cafque,
un ferpent.

℞. PROVID. DEOR. COS. III. La Providence debout à
gauche, la main droite ouverte & tenant de la gauche
un fceptre. Devant elle, une étoile.
Or, quinaire. — Autrefois du Cabinet de France, inventaire de 1685. — Caylus, 935.

Banduri décrit le même type en billon & en grand bronze : PROVIDENTIA DEOR.
S. C.

N° 252. — POSTVMVS PIVS AVG. Tête laurée à droite.

℞. QVINQVENNALES POSTVMI AVG. La Victoire
debout à droite, pofant un pied fur un rocher & écrivant
fur un bouclier : X.
Or. — Cabinet de France. — Mufée de Saint-Pétersbourg.
— Cabinet de Madrid. — Cabinet de Drefde. — Cabinet
de Florence. — Collections Trivulce, à Milan, & de M. le
docteur Alexandre Colfon, à Noyon. — Caylus, 941. —
Cat. d'Ennery, n° 379. — *Cat. Thomas*, n° 2617.

L'exemplaire de la collection Trivulce offre une variété ; on lit fur le bouclier : VOT. X,
comme au n° 254.

252ᵃ. — La même médaille
Petit bronze. — Mufée de Berne. — Fr. Haller, *Cat.
Muf. Bern.*, p. 312, n° 52, Bern. 1829, in-8°.

N° 253. — Même légende, même tête.

R/. QVINQVENNALES POSTVMI AVG. Même type,
varié.

Or. — Musée Britannique.

N° 254. — POSTVMVS AVG. Buste casqué à gauche. Le casque
orné d'un bige & d'une tête de bélier.

R/. QVINQVENNALES POSTVMI AVG. Victoire debout
à droite, le pied sur un rocher & écrivant sur un bouclier :
VOT. X.

Or. — Collections de feu M. B. Lecarpentier, à Honfleur, & de M. Van Miert, à Mons. — Autrefois du Cabinet de France, inventaire de 1685. — Caylus, 942.

N° 255. — POSTVMVS AVG. Buste casqué à gauche. Le casque
orné d'un bige.

R/. QVINQVENNALES AVG. Victoire debout à droite,
le pied posé sur un rocher & écrivant sur un bouclier :
V. X.

Or, quinaire. — Cabinet de Madrid. — Autrefois du
Cabinet de France, inventaire de 1685. — Caylus, 943.

N° 256. — IMP. C. POSTVMVS P. F. AVG. Buste radié à droite.

R/. RESTITVTOR GALLIAR. L'empereur debout &
tourné à gauche, la tête nue, revêtu d'une cuirasse, le pied
droit sur un captif, & de la main gauche s'appuyant sur la
haste, relève de la main droite une femme à genoux (la
Gaule), couronnée de tours, & tenant la corne d'abondance.
Billon, petit bronze.

N° 257. — Même légende, même buste.

R/. RESTIT. GALLIARVM. L'empereur debout à gauche,
la tête laurée, revêtu de la cuirasse & appuyé sur la haste,
relève de la main droite une femme à genoux, couronnée
de tours & tenant la corne d'abondance.
Billon. — Collection de M. Oppermann.

257ª. — Même légende, même bufte.

℞. REST. GALLIAR. L'empereur debout à gauche, la tête nue, en habit militaire, le pied droit pofé fur un captif, relève une femme à genoux, la tête nue & tenant une corne d'abondance.

Billon. — Mufée Britannique. — Collection de M. Oppermann.

Banduri, d'après Mezzabarba, ajoute les légendes : IMP. C. M. CASS. LAT. POSTVMVS P. F. AVG. & RESTITVTORI GALLIAE.

N° 258. — IMP. C. M. CASS. LAT. POSTVMVS P. F. AVG. Bufte radié à droite.

℞. RESTITVTOR GALLIAR. L'empereur debout à gauche, la tête nue, revêtu de fon armure & appuyé fur la hafte, relève de la main droite une femme à genoux, qui tient de la main gauche une branche de chêne. A l'exergue, S. C.

Grand bronze. — Cabinet de France.

N° 259. — IMP. C. M. CASS. LAT. POSTVMVS P. F. A... Bufte radié à droite.

℞. RESTITVTOR GALLIAR. L'empereur debout à gauche, la tête cafquée & en habit militaire, tient de la main gauche la hafte & tend la droite à une femme à genoux, qui tient un fceptre.

Grand bronze.

N° 260. — IMP. C. POSTVMVS P. F. AVG. Bufte lauré à droite.

℞. RESTITVTOR GALLIAR. L'empereur debout à gauche, la tête cafquée & en habit militaire, tient de la main gauche la hafte & tend la main droite à une femme à genoux, qui tient un fceptre.

Grand bronze. — Cabinet de France & autres collections.

Nº 261. — IMP. C. M. CASS. LAT. POSTVMVS AG. (*sic*). Bufte
  radié à droite.

  ℞. RESTITOR GALLIAP (*sic*). L'empereur debout à gauche, la tête cafquée & en habit militaire, tient de la main
  gauche la hafte & tend la main droite à une femme cafquée
  à genoux, qui tient une hafte.
  Moyen bronze.

261ª. — La même médaille.
  Petit bronze.

Banduri ajoute les légendes : RESTITOR (*sic*), GALLIAE & GALLIAR. & décrit
une médaille avec le même revers, portant au droit la légende : IMP. C. POSTVMVS
P. F. AVG. Le même auteur donne la légende : RESTITVTORI GALLIAR. Deux
pièces de moyen bronze.

Nº 262. — IMP. C. POSTVMVS P. F. AVG. Bufte radié à droite.

  ℞. REST. ORBIS. L'empereur debout à droite, la tête
  radiée & en habit militaire, tient de la main gauche un
  fceptre & tend la droite à une femme à genoux, tenant
  une corne d'abondance.
  Billon.

Vaillant, Banduri & Mionnet décrivent cette médaille en or, avec la légende : POSTVMVS
PIVS AVG.

Nº 263. — Même légende, même bufte.

  ℞. REST. ORBIS. L'empereur debout à droite, la tête
  nue & en habit militaire, tient de la main gauche un fceptre
  & tend la droite à une femme à genoux, couronnée de
  tours & tenant une corne d'abondance.
  Billon. — Collection de M. Oppermann.

263ª. — Même légende, même bufte.

  ℞. RESTITVTOR ORBIS. Même type.
  Billon. — Collection de M. Oppermann.

Nº 264. — POSTVMVS PIVS AVG. Tête laurée à droite.

℞. ROMAE AETERNAE. Rome cafquée, affife à gauche, tenant de la main droite le Palladium & s'appuyant de la gauche fur un fceptre. Près du fiége, un bouclier rond.
Or. — Cabinet de France. — Mufée Britannique. — Collections de MM. Dupré & le docteur Alexandre Colfon, à Noyon. — Caylus, 936. — *Cat. Schellersheim*, p. 264, où fe trouve décrite la même médaille ayant pour type Rome affife à droite. — *Cat. Thomas*, n° 2613.

264ᵃ. — La même médaille, mais d'une fabrique barbare.
Or. — Cabinet de France.

N° 265. — Même légende, même tête.
℞. ROMAE AETERNAE. Même type de Rome affife, fi ce n'eft que la déeffe tient une hafte la pointe en bas.
Or, médaille entourée d'une bordure découpée, munie d'une bélière. — Cabinet de France.

D'après le fupplément à l'inventaire de 1685, il y aurait eu au Cabinet de France une pièce d'or entourée d'une bordure antique avec la tête laurée de Poftume à gauche.

265ᵃ. — Même légende, même tête.
℞. ROMAE AETERNAE. Même type de Rome affife, comme au n° 264.
Billon. — Cabinet de Vienne.

N° 266. — POSTVMVS AVG. Bufte cafqué à gauche. Le cafque décoré d'un bige & d'une tête de bélier.
℞. ROMAE AETERNAE. Rome affife, comme au n° 264.
Or. — Cabinet de La Haye. — *Cat. Van Damme*, n° 579.

N° 267. — IMP. C. M. CASS. LAT. PO..TVMVS ..... Bufte radié à droite; traces de furfrappe.
℞. ....VLVM AVGG. (*Sæculum Augg.*) Lion marchant à droite.
Grand bronze. — Collection de M. le docteur Alexandre

Colfon, à Noyon. — *Revue numifm.* 1859, pl. xx, n° 10 et
p. 423 et 429.

Cette rare pièce a été trouvée à Montdidier (Somme).

N° 268. — IMP. C. POSTVMVS P. F. AVG. Bufte radié à droite.

R'. SAECVLI FELICITAS. L'empereur la tête nue, debout
à droite, revêtu de la cuiraffe & tenant de la main droite
la hafte & de la gauche le globe.

Billon & petit bronze.

Banduri décrit cette médaille en or, en billon & en moyen bronze.

N° 269. — Même légende, même tête.

R'. SAECVLO FRVGIFERO. Caducée ailé.

Billon & petit bronze.

Banduri, d'après Mezzabarba, décrit cette médaille en or & en billon.

N° 270. — IMP. C. POSTVMVS P. F. AVG. Tête laurée à droite.

R'. SAECVLO FRVGIFERO. Caducée ailé.

Moyen bronze. — Cabinet de France.

N° 271. — IMP. C. M. CASS. LAT. P...VMVS P. F. AVG. Bufte
lauré à droite.

R'. SALVS AVG. Hygie debout à droite, donnant à manger
à un ferpent.

Grand bronze. — Collection de M. Oppermann.

N° 272. — IMP. C. M. CASS. LAT. POSTVMVS P. AVG. Bufte
radié à droite.

R'. S...LVS AVG. Hygie affife à droite fur un trône;
devant elle, un autel d'où s'élance un ferpent.

Grand bronze. — Collection de l'auteur.

N° 273. — IMP. C. M. CASS. LAT. POSTVMVS P. F. AVG.
Bufte radié à droite.

R'. SALVS AVG. Hygie affife à gauche fur un trône &
préfentant un vafe à un ferpent qui s'élance d'un autel.

Grand bronze. — Cabinet de France & autres collections.

Banduri, d'après Mezzabarba, décrit ce type en billon.

N° 274. — IMP. C. POSTVMVS P. F. AVG. Buſte lauré à droite.

℞. SALVS AVGVSTI. Eſculape debout à gauche, les jambes croisées, appuyé ſur un cippe; devant lui un autel
d'où s'élance un ſerpent. A l'exergue, S. C.
Grand bronze. — Collection de M. Gréau, à Troyes (Aube).

274ᵃ. — IMP. C. M. CASS. LAT. POSTVMVS P. F. AVG.
Buſte radié à droite.

℞. SALVS AVG. Hygie debout à gauche, appuyée ſur
un cippe & ſacrifiant ſur un autel d'où s'élance un ſerpent. Dans le champ ꝛ
Grand bronze. — Collection de M. H. Colin, à Arras.

N° 275. — IMP. C. POSTVMVS P. F. AVG. Buſte lauré à droite.

℞. SALVS AVG. Hygie debout à gauche, les jambes croiſées, appuyée ſur un cippe & donnant à manger à un
ſerpent.
Grand bronze. — Cabinet de France & autres collections.

N° 276. — IMP......TVMVS P. F. AVG. Tête radiée à droite

℞. SAL... AVG. Perſonnage nu, debout à droite, tenant un
ſceptre ou une haſte & ſacrifiant ſur un autel.
Moyen bronze.

N° 277. — IMP. C. POSTVMVS P. F. AVG. Buſte radié à droite.

℞. SALVS AVG. Hygie debout à gauche, appuyée ſur un
gouvernail & ſacrifiant ſur un autel autour duquel eſt
enroulé un ſerpent.
Billon & petit bronze.

N° 278. — IMP. POSTVMVS AVG. Buſte radié à droite.

℞. ...LV.. AVG. (*Salus Aug.*) Victoire marchant à droite
& tenant une palme & une couronne.
Billon. — Collection de feu M. André Jeuffrain, à Tours.

278ᵃ. — IMP. C. PO...VMVS AVG. Buſte radié à droite.

R̸. ...ALVS AVG. (*Salus Aug.*) Victoire marchant à droite, fe retournant à gauche & tenant une palme.

Petit bronze de fabrique barbare.

N° 279. — IMP. C. POSTVMVS P. F. AVG. Bufte radié à droite.

R̸. SALVS AVG. Efculape barbu, debout de face, la tête tournée à gauche & s'appuyant fur un bâton autour duquel s'enroule un ferpent. A l'exergue, P.

Petit bronze

N° 280. — Même légende, même bufte.

R̸. SALVS AVG. Efculape barbu, debout à droite, détournant la tête à gauche & appuyé fur un bâton autour duquel s'enroule un ferpent ; à fes pieds, une boule.

Billon & petit bronze.

N° 281. — Même légende, même bufte.

R̸. SALVS AVG. Efculape imberbe, debout à droite, comme au n° précédent, mais sans la boule.

Billon.

Banduri, d'après Mezzabarba, décrit ce type en or & en billon.

N° 282. — POSTVMVS AVG. Têtes laurées & accolées de Poftume & d'Hercule à droite.

R̸. SALVS AVG. Efculape barbu, debout à gauche, s'appuyant fur un bâton autour duquel s'enroule un ferpent.

Billon, quinaire. — Cabinet de Vienne. — Collection de M. De Cofter, à Bruxelles, puis de M. le Comte de Salis, aujourd'hui au Mufée Britannique. — *Revue numifmatique belge*, t. IV, 2ᵐᵉ férie, pl. II, n° 12.

282ª. — La même médaille.

Or, quinaire. — Mionnet. — Autrefois du Cabinet de France.

Cette pièce était entrée au Cabinet en 1816, par échange avec M. E. Durand.

N° 283. — POSTVMVS PIVS AVG. Tête laurée & radiée à droite.

℞. SALVS EXERCITI. Efculape barbu, debout à droite, détournant la tête à gauche & s'appuyant fur un bâton autour duquel s'enroule un ferpent; à fes pieds, une boule.

Or. — Autrefois du Cabinet de France, inventaire de 1685. — Caylus, 985.

Banduri, d'après Mezzabarba, donne la légende : SALVS EXERCITVS, avec le type d'Efculape & la même légende avec le type d'Hygie affife, tenant une patère & un gouvernail, médailles d'or. Le même auteur décrit auffi une médaille d'or portant la légende : SALVS EXERCIT. Efculape & Hygie debout, type du n° 285.

N° 284. — IMP. C. POSTVMVS P. F. AVG. Bufte radié à droite.

℞. SALVS EXERCITI. Efculape barbu, comme au n° précédent.

Billon & petit bronze.

N° 285. — POSTVMVS PIVS AVG. Tête laurée & radiée à droite.

℞. SALVS POSTVMI AVG. Hygie & Efculape debout, la première tournée à droite & nourriffant un ferpent, le fecond tourné à gauche & s'appuyant fur un bâton autour duquel s'enroule un ferpent.

Or. — Autrefois du Cabinet de France, inventaire de 1685. — Caylus, 986.

N° 286. — IMP. C. POSTVMVS P. F. AVG. Bufte radié à droite.

℞. SALVS POSTVMI AVG. Hygie debout à droite, nourriffant un ferpent.

Billon & petit bronze.

N° 287. — ... C. M. CASS. LAT. POSTVMVS P. F. AVG. Bufte radié à droite.

℞. SALVS PROVINCIARVM. Le Rhin, le front armé de deux cornes, affis à gauche, appuyé fur une urne, pofant la main droite fur un vaiffeau & tenant une ancre.

Billon.

N° 288. — IMP. C. M. CASS. LAT. POSTVMVS P. F. AVG. Même bufte à droite.

℞. SALVS PROVINCIARVM. Le Rhin, fans cornes, affis & avec les mêmes attributs.
Billon.

Nº 289. — Même légende, même bufte.
℞. SALVS PROVINCIARVM. Le Rhin, le front armé de deux cornes, affis à gauche, appuyé fur une urne & pofant la main droite fur un vaiffeau.
Billon.

Nº 290. — ..MP. C. POSTVMVS P. F. AVG. Bufte radié à droite.
℞. SALVS PROVINCIARVM. Le Rhin, comme au nº précédent, tenant un rofeau.
Billon & petit bronze.

Vaillant, Banduri & Mionnet décrivent cette médaille en or & en billon.

Nº 291. — Même légende, même bufte.
℞. .... PROVINCIARVM. Le Rhin affis, comme au nº précédent.
Billon.

Nº 292. — Même légende, même bufte.
℞. ...S PROVINCIARVM. Le Rhin, comme aux nᵒˢ précédents, tenant une ancre.
Billon.

Nº 293. — IMP. C. M. CASS. LAT. POSTVMVS P. F. AVG. Bufte lauré à droite.
℞. SALVS PR... INCIARVM. Le Rhin, le front armé de deux cornes, affis à gauche, accoudé à une urne, la main droite étendue & tenant une rame ou un rofeau; près de lui, un vaiffeau.
Médaillon de billon. — Collection de M. Ch. Robert.

Nº 294. — POSTVMVS PIVS AVG. Tête laurée à droite.
℞. SERAPI COMITI AVG. Sérapis debout à gauche,

coiffé du modius, la main droite levée & tenant dans la
gauche un fceptre; à fes pieds, une barque.
Or. — Collection de M. Dupré, aujourd'hui du Cabinet
de France. — *Muf. Wiczay Hedervar.*, t. II, n° 497.

N° 295. — IMP. C. POSTVMVS P. F. AVG. Bufte radié à droite.
℞. SERAPI COMITI AVG. Sérapis debout de même,
mais fans la barque.
Billon, petit bronze.

N° 296. — Même légende, même bufte.
℞. SERAPI COMITI AVG. Sérapis debout de même, fans
modius, mais avec la barque.
Billon & petit bronze.

Banduri, d'après Mezzabarba, décrit ce type en or & en petit bronze, accompagné de la
légende : SARAPI, ou SARAPIDI COMITI AVG.

N° 297. — IMP. C. POSTVMVS P. P. AVG. Bufte radié à droite.
℞. SPEI PERPETVAE. L'Efpérance marchant à gauche &
tenant une fleur dans la main droite.
Billon & petit bronze. — Mufée Britannique. — Mufée de
Rouen. — Académie des fciences à Turin, *Mufée Lavy*,
n° 4004. — Collections de M. Oppermann & de l'auteur.
— *Cat. d'Ennery*, n° 1964. — Collection Goffellin, *Cat.*,
n° 1170.

Quelquefois on lit : P. F. AVG. du côté de la tête.

N° 298. — IMP. C. M. CASS. LAT. POSTVMVS P. P. AVG.
Tête radiée à droite.
℞. SPEI PERPETVAE. Même type.
Moyen bronze.

N° 299. — IMP. C. POSTVMVS P. F. AVG. Bufte radié à droite.
℞. SPES PVBLICA. L'Efpérance debout à gauche, tenant
une fleur dans la main droite. A l'exergue, P.
Petit bronze. — Cabinet de France & autres collections.

Nº 300. — IMP. C. POSTVMVS P. F. AVG. Buſte radié à droite.

℞. VBERITAS AVG. La Fertilité debout à gauche, tenant
de la main droite un pis de vache (*ubera*) & de la gauche
une corne d'abondance.

Nº 301. — Même légende, même buſte.

℞. VBERTAS AVG. Même type de la Fertilité.

Billon.

Banduri, d'après Mezzabarba, décrit cette médaille en or & en billon.

Nº 302. — IMP. C. POSTVMVS P. F. AVG. Même buſte à droite.

℞. ΛPIPΛO AVG. (Légende barbare pour *Uberitas Aug.*)
Même type de la Fertilité.

Billon.

Nº 303. — IMP. C. POSTVMVS P. F. AVG. Tête laurée à droite.

℞. VICTORIA AVG. Victoire dans un bige à droite,
tenant un fouet.

Or. — Cabinet de France. — Muſée de Berne. — Fr.
Haller, *Cat. Mus. Bern.*, p. 309, nº 1, Bern. 1829, in-8º.
— Collection de M. Ponton d'Amécourt. — *Cat. d'Ennery*,
nº 380. — *Muſ. Wiczay Hedervar.*, t. II, nº 498, tab. 1, nº 15.
— *Cat. Schellersheim*, p. 135. — *Cat. Thomas*, nº 2616.

Dans l'inventaire du Cabinet de 1762, il eſt dit : Victoire dans un bige à gauche, Cabinet
de M. de Clèves.

303ª. — VIRTVS POSTVMI AVG. Buſte caſqué à droite.
Le caſque très-orné.

℞. VICTORIA AVG. Même type.

Billon. — Collection de M. Aldenkirchen, à Cologne.

303ᵇ. — IMP. C. POSTVMVS P. F. AVG. Tête laurée à droite.

℞. VICTORIA AVG. Victoire aſſiſe ſur des armes, en face
d'un trophée, écrit ſur un bouclier VO. X.

Or. — Autrefois du Cabinet de France, inventaire de 1762,
du Cabinet de M. de Clèves.

Nº 304. — VIRTVS POSTVMI AVG. Buſte caſqué à droite.

℟. VICTORIA AVG. Victoire marchant à gauche & tenant
une couronne & une palme. A ſes pieds un captif.
Or. — Cabinet de Berlin. — Beger, *Thes. Brand.*, t. II,
p. 749.

N° 305. — Même légende, même buſte.
℟. VICTORIA AVG. Même type.
Billon. — Muſée Britannique.

N° 306. — IMP. C. POSTVMVS P. F. AVG. Tête laurée à droite.
℟. VICTORIA AVG. Même type de la Victoire à gauche,
avec un captif à ſes pieds.
Or. — Autrefois du Cabinet de France, inventaire de
1762, du Cabinet de M. de Clèves.

Il exiſte un coin de Becker, d'un module entre le denier & le quinaire : IMP. POSTVMVS
PIVS AVG. Tête laurée à droite.

℟. VICTORIA AVG. Victoire marchant à droite & tenant une couronne & une palme.
La pièce d'or conſervée au Muſée de l'Ermitage à Saint-Pétersbourg ne me paraît être qu'un
coin de Becker.

N° 307. — IMP. C. POSTVMVS P. F. AVG. Buſte radié à droite.
℟. VICTORIA AVG. La Victoire marchant à gauche &
tenant une couronne & une palme. A ſes pieds, un captif.
Billon & petit bronze.

N° 308. — IMP. C. M. CASS. LAT. POSTVMVS P. F. AVG.
Buſte radié à droite.
℟. VICTORIA AVG. Même type de la Victoire, mais ſans
captif.
Billon. — Collection de l'auteur.

308ª. — Même légende, même buſte.
℟. VICTORIA AVG. Même type avec le captif.
Billon. — Communiqué par M. Charvet.

N° 309. — Même légende, même buſte.
℟. VICTORIA AVG. Même type de la Victoire.
Moyen bronze.

Nº 310. — ..... SS. LAT. POSTVMVS ..... Buſte radié à droite.

    ℞. VICTORI... AVG. Victoire aptère, marchant à gauche & tenant une couronne & une palme.

    Moyen bronze.

Nº 311. — IMP. C. POSTVMVS P. F. AV... Buſte radié à droite.

    ℞. VCTORI AVG. (*sic*). Victoire aptère marchant à gauche & tenant une branche & une haſte.

    Moyen bronze.

Nº 312. — ....S. LA. POSTVMVS AVG. Buſte radié à droite.

    ℞. ...ICTORI. AVG. Victoire ailée, marchant à gauche, & tenant une couronne & une palme.

    Petit bronze.

Nº 313. — VIRTVS POSTVMI AVG. Buſte caſqué à droite.

    ℞. VICTORIA AVG. Victoire marchant à gauche & tenant une couronne & une palme. A ſes pieds, un captif.

    Grand bronze. —Cabinet de France & autres collections.

Nº 314. — Même légende. Buſte caſqué à gauche, avec la haſte & le bouclier.

    ℞. VICTO.... Même type de la Victoire, avec le captif.

    Grand bronze. — Cabinet de France.

Nº 315. — IMP. C. M. CASS. LAT. POSTVMVS P. F. AVG. Buſte lauré à droite.

    ℞. VICTORIA AVG. Victoire marchant à gauche & tenant une couronne & une palme. A ſes pieds, un captif.

    Moyen bronze. — Muſée Britannique & autres collections.

Nº 316. — IMP. C. POSTVMVS PIVS F. AVG. Buſte lauré à droite.

    ℞. VICTORIA AVG. Même type de la Victoire, avec le captif.

    Grand bronze. — Cabinet de France & autres collections.

Nº 317. — IMP. C. POSTVMVS P. F. AVG. Même buſte.

℞. VICTORIA AVG. Même type de la Victoire avec le captif. A l'exergue, S. C.

Grand bronze. — Cabinet de France & autres collections.

317ᵃ. — La même médaille.

Moyen bronze. — Quelquefois fans S. C.

Nᵒ 318. — IMP. C. POSTVMVS P. F. AVG. Bufte lauré à gauche, avec la main droite levée.

℞. VICTORIA AVG. Même type.

Grand bronze. — Cabinet de France & autres collections.

318ᵃ. — La même médaille.

Moyen bronze. — Banduri.

Nᵒ 319. — IMP. C. M. CASS. LAT. POSTVMVS P. F. AVG. Bufte radié à droite.

℞. VICTORIA AVG. Même type.

Grand bronze.

319ᵃ. — La même médaille, avec S. C. à l'exergue.

Grand bronze.

319ᵇ. — La même médaille.

Moyen bronze.

Nᵒ 320. — IMP. C. POSTVMVS P. F. AVG. Bufte lauré à droite.

℞. VICTORIA AVG. Victoire debout fur un bouclier, à droite, & tenant une couronne & une palme. A fes pieds, deux captifs.

Grand bronze. — Cabinet de France.

320ᵃ. — IMP. C. M. CASS. LAT. POSTVMVS P. F. AVG. Bufte radié à droite.

℞. VICTORIA AVG. Même type.

Grand bronze. — Cabinet de France & autres collections.

Nᵒ 321. — IMP. C. POSTVMVS P. F. AVG. Bufte lauré à droite.

℞. VICTORIAE AVG. Deux Victoires attachant un bou-

clier à un trophée, au pied duquel font affis deux captifs.
A l'exergue, S. C.
Grand bronze.

N° 322. — IMP. C. POSTVMVS PIVS F. AVG. Bufte lauré à
droite.

R'. VICTORIAETVM (*sic*). Deux Victoires attachant un
bouclier à un trophée. Le bas du trophée montre la partie
inférieure d'une figure de femme, refte d'un ancien type,
probablement *Fides Militum*. Médaille furfrappée.
Grand bronze. — Cabinet de France.

N° 323. — IMP. C. POSTVMVS P. F. AVG. Bufte lauré à droite.

R'. VICTORIAE AVG. Deux Victoires attachant un bouclier à un trophée, au pied duquel font affis deux captifs.
Grand bronze.

N° 324. — IMP. C. M. CASS. LAT. POSTVMVS P. F. AVG.
Bufte radié à droite.

R'. VICTORIAE AVG. Même type. A l'exergue, S. C.
Grand bronze.

324ᵃ. — La même médaille.
Moyen bronze.

N° 325. — IMP. C. M. CASS. LAT. POSTVMVS P. F. AVG.
Bufte radié à droite.

R'. VICTORIA AVG. L'empereur debout & armé, tenant
la hafte & appuyé fur fon bouclier, regardant à droite.
A gauche, près de lui, un trophée au pied duquel font deux
captifs. A l'exergue, S. C.
Grand bronze.

N° 326. — Même légende, même bufte.

R'. VICTORIA AVG. Même type varié. A l'exergue, S. C.
Moyen bronze.

N° 327. — IMF. CVvI. CASS. IAI P..... Bufte radié à droite.

℞. VICTO D. MON. Galère.
Moyen bronze. — Cabinet de France.

N° 328. — ... IAN.... C. M. CAS... AVG... POST. Buſte radié
à droite, ſurfrappé ſur une tête d'Hadrien.
℞. VIC...C. Victoire à gauche, tenant une palme. A ſes
pieds, un captif.
Grand bronze. — Collection de feu M. Nomophile.

N° 329. — M. COMMODVS AN.... TO. VMVS P. F. AVG
Buſte radié à droite, ſurfrappé ſur une tête de Commode.
℞. AVG. TR. P. VIII M. P. VI COS. IIII P... & dans
l'intérieur VICT.... Figure informe, avec traces de ſur-
frappe, & dans le champ les lettres S. C.
Grand bronze. — Cabinet de France.

N° 330. — M. ANTON. ..MP. C. POSTVMVS F. P. AVG. Buſte
radié à droite, ſurfrappé ſur une tête d'Antonin ou de
Marc-Aurèle.
℞. VIC.. ꟼPꝺ. Minerve caſquée, armée de la haſte, debout
& tournée à droite; traces de ſurfrappe.
Grand bronze. — Cabinet de France.

330ᵃ. — IMP. C. POSTVMVS P. F. AVG. Tête caſquée.
℞. VICT. COMES AVG. L'empereur caſqué, en habit
militaire, à cheval, tenant une haſte & précédé de la
Victoire qui tient une palme.
Moyen bronze. — Vaillant. — Cf. Banduri, t. I, p. 311 &
notre n° 384.

N° 331. — IMP. C. POSTVMVS P. F. AVG. Buſte radié à droite.
℞. VICTORIA GERMANICA. Victoire marchant à droite
& tenant une couronne & une palme.
Billon & petit bronze. — Cabinet de Copenhague. —
Muſée de Rouen. — Collection de l'auteur. — Ramus,
Cat. num. vet. muſei regis Daniæ, n° 79.

331ᵃ. — Même légende, même buſte.

℞. VICT. GERMANIC. ... Victoire marchant à gauche & tenant une couronne & une palme.
Collection Goſſellin, *Cat.* n° 1178, aujourd'hui dans celle de l'auteur.

331ᵇ. — IMP. C. M. CASS. LAT. POSTVMVS P. AVG. Buſte radié à droite.

℞. VICT. GERMANICA. Victoire debout à droite ſur un bouclier. A ſes pieds, deux captifs.
Petit bronze. — B. Fillon & O. de Rochebrune, *Poitou & Vendée, Le Veillon*, p. 9.

331ᶜ. — Même légende, même buſte.

℞. VICT. GERMANICA. Victoire marchant à gauche, foulant aux pieds un captif, & tenant une couronne & une palme.
Petit bronze. — B. Fillon & O. de Rochebrune, *l. cit.*

Vaillant décrit un grand bronze avec la légende : VICTORIA GERMANICA S. C. — Banduri, t. I, p. 311.

N° 332. — POSTVMVS AVG. Buſte caſqué à gauche.

℞. VIC. GERM. P. M. TR. P. V̄ COS. III P. P. L'empereur debout à gauche, la tête nue, en habit militaire, tenant le globe & la haſte, couronné par la Victoire debout derrière lui & tenant à la main une palme.
Or. — Cabinet de Vienne. — Cabinet de Berlin. — Beger, *Theſ. Brand.*, t. II, p. 749. — *Zeitſchrift für Münz Siegel und Wappenkunde*, III, 1843, pl. ıx, n° 6. — *Cat. Schellersheim*, p. 135.

N° 333. — POSTVMVS PIVS AVG. Tête laurée à droite.

℞. VIC. GERM. P. M. TR. P. V̄ COS. III P. P. Même type.

Or. — Autrefois du Cabinet de France, inventaire de 1758,
du Cabinet de M. Cary.

Vaillant et Banduri, d'après Mezzabarba, décrivent ce type en or & en billon.

Banduri cite le même revers, accompagné de la légende : VICTORIA AVG., et au
droit : IMP. C. M. CASS. LAT. POSTVMVS P. F. AVG. Billon.

N° 334. — IMP. C. M. CASS. LAT. POSTVMVS P. F. AVG.
Buſte caſqué & radié à droite.

℞. VIRTVS AVG. Buſte caſqué à gauche, avec la haſte &
le bouclier.

Grand bronze. — Muſée Britannique. — *Cat. d'Ennery*,
n° 3222.

N° 335. — IMP. C. M. CASS. LAT. POSTVMVS P. F. AVG.
Buſte radié à droite.

℞. VIRTVS AVG. Buſte caſqué à gauche, avec la haſte &
le bouclier.

Grand bronze. — Cabinet de France.

N° 336. — IMP. C. POSTVMVS P. F. AVG. Buſte radié à droite.

℞. VIRTVS AVG. L'empereur en habit militaire, la tête
nue, tenant la haſte, debout à gauche, auprès d'un trophée
qu'il couronne & au pied duquel sont deux captifs.

Billon. — Muſée Britannique.

N° 337. — Même légende, même buſte.

℞. VIRTVS AVG. L'empereur en habit militaire, la tête
nue, tenant la haſte & le bouclier, marchant à droite. A
ſes pieds, un captif.

Billon.

Banduri, d'après Mezzabarba, décrit ce type en or & en billon.

N° 338. — Même légende, même buſte.

℞. VIRTVS AVG. Même type, mais ſans le captif.

Billon.

N° 339. — IMP. C. POSTVMVS P. F. AVG. Buſte radié à droite.

℞. VIRTVS AVG. L'empereur en habit militaire, la tête nue, tenant la hafte & le bouclier, s'élançant à droite, le pied gauche fur un rocher.
Billon. — Collection de l'auteur & autres collections.

N° 340. — Même légende, même bufte.

℞. VIRTVS AVG. Mars jeune & imberbe, debout à droite, la tête cafquée, la chlamyde fur les épaules & appuyé fur la hafte & le bouclier.
Billon & petit bronze.

N° 341. — Même légende, même bufte.

℞. VIRTVS AVG. Mars barbu debout à droite, comme au n° précédent.
Billon.

N° 342. — IMP. C. POSTVMVS ..... Bufte radié à droite.

℞. VIRT..... Mars debout à gauche, la tête cafquée, appuyé fur fon bouclier & tenant la hafte.
Petit bronze. — Collection de feu M. B. Le Carpentier, à Honfleur.

N° 343. — IMP. C. POST.... AVG. Bufte radié à droite.

℞. O VIISTTVS O.... (sic). L'empereur la tête radiée, marchant à droite & tenant des deux mains une hafte.
Petit bronze. — Collection de M. Vifcher, à Bâle.

N° 344. — IMP. C. POSTVMVS P. F. AVG. Bufte radié à droite.

℞. VIRTVS AVG. Hercule nu, debout à droite, tenant la maffue & l'arc, la peau de lion fur le bras gauche.
Billon. — J. de France, *Cimelium Auftr. Vindob.*, tab. XIII, n° 2.

Banduri, d'après Mezzabarba, décrit ce type en or et en billon.

N° 345. — IMP. POSTVMVS AVG. Bufte radié à droite.

℞. VIRTVS AVG. Hercule nu, debout à droite, tenant la

maſſue & les pommes des Heſpérides, la peau de lion ſur
le bras gauche.

Petit bronze. — Collection de M. Guioth, à Bruxelles.

N° 346. — ...P. C. M. CAS.. LAT. POSTVMVS P. F. A.. Buſte
radié à droite.

℞. VIRTVS AVG. Jupiter nu, marchant à gauche & détournant la tête à droite, tenant le foudre & l'aigle.
Grand bronze.

N° 347. — Même légende, même buſte.

℞. VIRTVS AVG. Jupiter nu, marchant à droite & détournant la tête à gauche; ſur ſa main gauche l'aigle.
Moyen bronze.

N° 348. — .... AS. LAT. POSTVMVS P. F. AVG. Buſte radié à
droite.

℞. ƧOƆЯIV (pour *Virtus*). Galère. A l'exergue, ΛO; dans
le champ, C. S.
Grand bronze.

N° 349. — IMP. C. M. CASS. LAT. POSTVMVS P. F. AVG.
Buſte radié à droite.

℞. VIRTVS AVG. Mars caſqué, debout, tourné à droite,
appuyé ſur la haſte & ſur un bouclier.
Grand bronze.

349ᵃ. — La même médaille.
Moyen bronze.

N° 350. — IMP. C. POSTVMVS P. F. AVG. Buſte radié à droite.

℞. VIRTVS AVG. Mars caſqué, debout, tourné à gauche
& appuyé ſur la haſte & ſur un bouclier. Dans le champ,
S. C.
Moyen bronze.

N° 351. — IMP. C. M. CASS. LAT. POSTVMVS P. F. AVG.
Buſte radié à droite.

℞. VASVTVS AVG. (pour *Virtus Aug.*) Mars casqué, debout, tourné à droite & appuyé sur la haste, la pointe en bas & sur un bouclier. Dans le champ, S. C.
Grand bronze.

351ᵃ. — La même médaille, sans S. C.
Moyen bronze.

Nᵒ 352. — IMP. C. M. I ASS. ..A.. POSTVM...... VG. Buste radié à droite; traces d'une figure de Mars.
℞. VI....SS. LAT. POSTV.... O. Mars comme au nᵒ précédent; traces d'un buste radié. Médaille surfrappée.
Grand bronze. — Cabinet de France.

Nᵒ 353. — IMP. C. POSTVMVS P. F. AVG. Buste lauré à droite.
℞. VIRTVS AVG. Mars casqué, à droite, tenant de la main droite la haste et de la gauche appuyé sur un bouclier. Dans le champ, S. C.
Grand bronze. — Cabinet de France & autres collections.

353ᵃ. — La même médaille, sans S. C.
Grand bronze.

Nᵒ 354. — IMP. C. POSTVMVS P. AVG. Buste lauré à gauche, avec le bouclier & la main droite levée.
℞. VIRTVS AVG. Mars comme au nᵒ précédent. Dans le champ, S. C.
Grand bronze. — Cabinet de France.

Nᵒ 355. — IMP. C. M. CASS. LAT. POSTVMVS P. F. AVG. Buste radié à droite.
℞. VIRTVS AVG. L'empereur, la tête nue, en habit militaire, armé de la haste & d'un bouclier, foulant aux pieds un ennemi qui l'implore, à droite.
Grand bronze. — Cabinet de France & autres collections.

Nᵒ 356. — IMP. C. M. CASS. LAT. POSTVM...... AVG. Buste radié à droite.

℟. VIRTVS AVG. L'empereur cafqué, en habit militaire, armé de la hafte & d'un bouclier, foulant aux pieds un ennemi, à gauche.

Grand bronze. — Collection de M. Oppermann.

N° 357. — IMP. C. M. CASS. LAT. POSTVMVS P. F. AVG. Bufte lauré à droite.

℟. VIRTVS AVG. Même type à droite; l'empereur, la tête nue, comme au n° 355.

Grand bronze. — Cabinet de France & autres collections.

357ᵃ. — IMP. C. POSTVMVS P. F. AVG. Bufte lauré à droite.

℟. VIRTV.. AVG. L'empereur cafqué, en habit militaire, armé d'une hafte & d'un bouclier, foulant aux pieds un ennemi qui l'implore, à droite.

Grand bronze. — Collection de M. Jofeph Roman, à Paris.

N° 358. — IMP. C. M. CASS. LAT. POSTVMVS P. F. AVG. Bufte radié à droite.

℟. VIRTVS AVG. Pallas cafquée, debout à gauche, tenant une branche d'olivier & appuyée fur la hafte.

Grand bronze. — Mufée Britannique. — Collection de l'auteur.

N° 359. — POSTVMVS PIVS FELIX AVG. Buftes accolés & laurés de Poftume & d'Hercule, à droite.

℟. VIRTVTI AVG. Buftes accolés de Poftume lauré & de Mars cafqué à droite.

Or. — Cabinet de Berlin. — Beger, *Thef. Brand.*, t. II, p. 749.

Banduri, d'après Mezzabarba, ajoute la légende : VIRTVTI AVGG. avec le même type en or.

N° 360. — IMP. C. POSTVMVS P. F. AVG. Bufte radié à droite.

℟. VIRTVTI AVGVSTI. Hercule nu, debout à droite, appuyé fur la maffue, la peau de lion fur le bras gauche. Billon.

Nº 361. — Même légende, même buſte.

℞. VIRTVTI AVGVSTI. Hercule debout à droite, appuyé
ſur la maſſue, ſans la peau de lion.
Billon.

Nº 362. — IMP. POSTVMVS AVG. Buſte radié à droite.

℞. ...TVS (*Virtus*) AEQVIT... (*sic*). Mars jeune, la tête
nue, marchant à droite, tenant la haſte de la main droite
& portant un trophée ſur l'épaule gauche.
Petit bronze. — Muſée de Genève.

362ª. — IMP. POSTVMVS AVG. Buſte radié à droite.

℞. VIRTVS EQVIT. Mars jeune caſqué, marchant à droite,
armé de la haſte & du bouclier. A l'exergue, T.
Or. — Cabinet de France.

Nº 363. — IMP. POSTVMVS AVG. Buſte radié à droite.

℞. VIRTVS EQVIT. Mars jeune, caſqué, marchant à
droite, armé de la haſte & du bouclier. A l'exergue, T.
Billon & petit bronze.

Nº 364. — IMP. C. POSTVMVS P. F. AVG. Buſte radié à droite.

℞. VIRTVS EQVITVM. Hercule nu, debout à droite,
appuyé ſur la maſſue poſée ſur un rocher, la peau de lion
ſur le bras gauche. A l'exergue, S.
Billon & petit bronze.

Nº 365. — POSTVMVS PIVS AVG. Tête laurée à droite.

℞. VIRTVS EXERCITVS. Trophée.
Or. — Muſée de Bourges (Cher).

Nº 366. — IMP. C. POSTVMVS P. F. AVG. Buſte lauré à droite.

℞. VIRTVS POSTVMI AVG. Buſte caſqué à droite. Le
caſque très-orné.
Or. — Collection de M. le duc de Blacas.

Deux autres exemplaires de cette médaille m'ont été communiqués par MM. Rollin &

Feuardent, l'un trouvé aux environs de Reims, l'autre aux environs de Tongres. Ce dernier exemplaire de la collection de M. le comte de Reneffe-Breitbach, vendue à Bruxelles, en 1863 (*Cat.*, n° 233), est entré depuis dans la collection de M. Ponton-d'Amécourt.

366ᵃ. — IMP. C. POSTVMVS P. F. AVG. Buste lauré à gauche, avec la cuiraffe.

℞. VIRTVS POSTVMI AVG. Buste casqué à droite, comme au n° précédent.

Or. — Mufée de Lyon. — Chez MM. Rollin & Feuardent.

366ᵇ. — POSTVMVS P. F. AVG. Buste lauré à gauche, avec la cuiraffe, la main droite levée.

℞. VIRTVS POSTVMI AVG. Buste casqué à droite, comme au n° 366.

Or. — Cabinet de Berlin. — *Berliner Blätter für Münz Siegel und Wappenkunde*, III, pl. XXXVIII, n° 6.

On trouve fouvent, dans la numifmatique de Poftume, le bufte ou la tête de l'empereur fur les deux faces de la médaille. Voir les n°ˢ 1, 2, 2ᵃ, 4, 5, 24, 33, 117, 118, 118ᵃ, 334, 335, 359, 366, 366ᵃ, 366ᵇ. — La tête de l'empereur est reproduite deux fois aux règnes de Victorin, n°ˢ 1 & 2, & des deux Tétricus, n°ˢ 1ᵃ & 2; n° 1. Tantôt la légende est identique fur les deux faces de la médaille, tantôt on trouve au droit les noms de l'empereur, &, au revers, on lit : INVICTO AVG. ou VIRTVS POSTVMI AVG. Mais la légende VIRTVS POSTVMI AVG. accompagne la tête casquée, quand cette tête est placée au droit & qu'au revers on a mis un autre type. Voir les n°ˢ 60, 83, 139, 140, 210, 211, 304, 305, 313, 314. *Virtus* défigne Mars, Hercule, ou la Valeur; mais, aussi, *Virtus* indique le courage & la valeur de Poftume. On a voulu reconnaître dans la tête figurée au revers de l'effigie impériale le portrait de Poftume fils. Ceci n'a pas le moindre fondement. Déjà, à l'époque de la République, on trouve le bufte de Jupiter Terminalis ou de Numa fur les deux faces d'un très-rare denier. Cohen, *Monnaies de la République romaine*, pl. XXXIX, *Terentia*, 5. A l'époque de l'empire, on peut citer les pièces de bronze d'Hadrien (Cohen, *Impériales*, t. II, pp. 217 & 218, n°ˢ 917-921 & p. 219, n° 932); d'Antonin (Cohen, t. II, p. 347, n° 487); de Marc-Aurèle (Cohen, t. II, p. 537, n°ˢ 583 & 584); de Lucius Vérus (Cohen, t. III, p. 25, n° 160); de Commode (Cohen, t. III, p. 128, n° 471, p. 140, n° 547, p. 144, n° 577); &, enfin, une pièce d'or de Gallien (Cohen, t. IV, p. 430, n° 645).

N° 367. — IMP. C. POSTVMVS P. F. AVG. Tête laurée à droite.

℞. VIRTVS POSTVMI AVG. Hercule terraſſant la biche
Cérynite, à droite; derrière lui, la maſſue.
Moyen bronze. — Collection de M. Duquenelle, à Reims.

N° 368. — POSTVMVS P. F. AVG. COS. (?) Buſte radié à gauche.
℞. VIRTVS POSTVMI AVG. Hercule terraſſant la biche
Cérynite, à droite.
Moyen bronze. — Cabinet de France. — *Revue numiſma-
tique*, 1844, pl. ix, n° 3.

368ᵃ. — POSTVMVS P. F. AVGVSTVS T. P. Buſte radié à
gauche.
℞. VIRTVS POSTVMI AVG. Hercule terraſſant la biche
Cérynite, à droite; derrière lui, la maſſue.
Moyen bronze. — Collection de l'auteur.

Banduri, d'après Vaillant, décrit une médaille de bronze portant le légende : VIRTVS
POSTVMI AVG. S. C. Hercule étouffant le lion.

N° 369. — IMP. C. M. CASS. LAT. POSTVMVS P. F. AVG.
Buſte radié à droite.
℞. VIRTVS POSTVMI. L'empereur debout à gauche, en
habit militaire, la tête laurée, tenant le globe & la haſte,
couronné par la Victoire qui tient une palme de la main
gauche & poſe le pied droit ſur un captif. A l'exergue, S. C.
Grand bronze. — Cabinet de France.

Dans le *Cat. d'Ennery*, nᵒ 2445, on lit par erreur : VICTORIA POSTVMI. Cette erreur
ſe retrouve dans Tanini, p. 120.

N° 370. — IMP. C. POST..... Buſte radié à droite.
℞. POS..LMS (*sic*). Divinité nue à mi-corps, le bras gauche
levé, dans un temple hexaſtyle.
Moyen bronze. — Cabinet de France.

N° 371. — IIΛIOdO ᔆIVIΛC. Buſte radié à droite.
℞. ƆIIVOⱢ ⱢƆVIƷCI. Femme debout à gauche, tenant
un caducée & une corne d'abondance.

Moyen bronze. — Cabinet de France.

N° 372. Sans légende. Tête radiée à droite.

℟. …VISTO. Figure casquée à gauche, tenant une branche?
Moyen bronze. — Collection de M. Oppermann.

N° 373. — Sans légende. Tête radiée à droite.

℟. ꞶႱჍႠႱႠ. Personnage debout, tenant deux bâtons.
Moyen bronze, de fabrique barbare. — Collection de
l'auteur.

N° 374. — IWƆ OPΛ. TVMVS P. AVG. Buste radié à droite.

℟. Femme debout à gauche, tenant deux bâtons. Dans le
champ, S. C
Moyen bronze, de fabrique barbare. — Collection de
l'auteur.

N° 375. — …OI… Tête radiée à droite.

℟. … TOR VI… Personnage debout, tenant deux enseignes militaires (?). Dans le champ, S. S.
Moyen bronze, de fabrique barbare. — Collection de
l'auteur.

N° 376. — ….. C. M. CASS. LAT. POSTVM…. Tête radiée à
droite.
℟. …ANOC CEBA…. ҺID….VM. Tête de Trajan à
droite, avec surfrappe du type de *Fides Militum*.
Grand bronze. — Collection de l'auteur.

N° 377. — IMP. C. M. CASS. LA.. POSTVMVS P. P. AVG.
Buste radié à droite. Médaille surfrappée.
℟. Cercle de grénetis.
Grand bronze. — Collection de l'auteur.

N° 378. — …. CꞀSS IʈʇI ooSIVM… M. COMMODVS. Buste
radié à droite, surfrappé sur une tête de Commode.
℟. …AN …ƆMΛ. Personnage nu, debout à droite, tenant

une hafte. A fes pieds, un captif. Dans le champ, S2Ɔ,
contremarque, & à l'exergue, ⌐b2.
Grand bronze. — Cabinet de France.

Nº 379. — IMP. C. M. CASS. LAT. POSTVMVS PIVS AV.
Bufte radié à droite.

℞. IPƆNSIIA AVG. Perfonnage cafqué debout à gauche,
tenant de la main gauche un trident. Dans le champ, S. C.
Grand bronze. — Cabinet de France.

Nº 380. — IMP. C. PO OO II... POSTVMVS P. F. AVG. Bufte
radié à droite, furfrappé fur une autre tête impériale.

℞. IMP. III V OI ΛVϽϘ. Mars cafqué debout à droite,
tenant une hafte. Dans le champ, S 2.
Grand bronze, de fabrique barbare. — Mufée de Rouen.

380ª. — IMP. C. M. CAS... ...T. POSTVMVS P. F. AVG.
Bufte radié à droite, furfrappé fur une autre tête impériale.

℞. P. WT. II 9 COS. ΛVϽΔ. Mars cafqué debout à
droite, tenant une hafte. Dans le champ, Z.
Grand bronze, de fabrique barbare. — Collection de
M. Oppermann.

Nº 381. — IMP. C. M. CASS. LAT. AVGVSTA AVG. Bufte radié
à droite.

℞. FAVSTINA S AVG. Mars cafqué debout à droite,
tenant la hafte & appuyé fur un bouclier. Médaille furfrappée fur une pièce de Fauftine mère.
Grand bronze. — Cabinet de France.

Nº 382. — ....OSTVMVS bϽ ΛVG. Bufte radié à droite.

℞. PVX VV2O (pour *Pax Aug.*). La Paix debout, marchant à gauche, tenant un fceptre & une branche
d'olivier.
Petit bronze. — Collection de M. Oppermann.

N° 383. — ... POSTVMVS P. F. AVG. Buſte radié à droite.

℞. Légende indéchiffrable. Hercule debout à gauche, tenant la maſſue & une branche d'olivier, type dégénéré des n°s 101 & ſuiv. *Herc. Pacifero.*

Billon. — Collection Goſſellin.

N° 384. — IMP. CAS. T. POƧTVMVS P. F. AVG. Buſte radié à droite.

℞. Λ... Cavalier à droite, tenant une haſte (?) & précédé d'un ſoldat.

Grand bronze ſurfrappé. — Cabinet de France.

Vaillant a décrit ce type comme repréſentant l'empereur à cheval, précédé de la Victoire. Voir n° 330^a, où ſe trouve décrit un moyen bronze avec un type analogue.

VICTORIN

(265-268 *après* J.-C.)

N° 1. — IMP. C. VICTORINVS P. F. AVG. Bufte radié à droite.
R'. Même légende rétrograde & même bufte incus à gauche.
Billon. — Cabinet de France & autres collections.

N° 2. — IMP. C. VICTORINVS P..... Bufte radié à droite.
R'. .....NVS P. F. AVG. Même bufte radié, également à droite.
Petit bronze. — Collection de l'auteur.

2ª. — IMP. C. VICTORINVS P. F. AVG. Bufte radié à droite.
R'. ABVNDANTIA AVG. L'Abondance debout à gauche, tenant des épis (?) & une corne d'abondance.
Petit bronze. — *Mus. Wiczay Hedervar.*, t. II, n° 2916.

N° 3. — IMP. VICTORINVS AVG. Bufte lauré à droite, revêtu de la cuiraffe, tenant la hafte & le bouclier.
R'. ADIVTRIX AVG. Bufte de Diane à droite, prenant de la main droite une flèche dans fon carquois & tenant de la gauche l'arc.
Or. — Collection de M. B. Friedländer, à Berlin (1). — *Zeitfchrift für Münz Siegel und Wappenkunde*, II, 1842, pl. VI, n° 13.

N° 4. — IMP. CAES. VICTORINVS P. F. AVG. Bufte lauré à gauche.

---

(1) La collection de médailles de feu M. B. Friedländer a été acquife par le Cabinet de Berlin. Voir *Berliner Blätter für Münz Siegel und Wappen-* kunde, III, 2, p. 157. M. Julius Friedländer donne la defcription de l'aureus décrit fous le n° 3, à la page 163 du même recueil.

℞. ADIVTRIX AVG. Buſte de Diane à droite, prenant de la main droite une flèche dans ſon carquois & tenant de la gauche ſon arc.

Or. — Muſée Hunter, à Glaſgow.

Un petit bronze, moulé probablement ſur l'aureus du Muſée Hunter, était conſervé dans la collection Pembroke, *Cat.*, nᵒ 1190.

Nᵒ 5. — IMP. VICTORINVS P. F. AVG. Buſte lauré à gauche, avec la haſte & le bouclier, ſur lequel eſt figurée une galère.

℞. ADIVTRIX AVG. Buſte de Diane à droite, comme au nᵒ précédent.

Or. — Collection Trivulce, à Milan. — Cabinet de Berlin. — *Berliner Blätter für Münz Siegel und Wappenkunde*, III, pl. xxxviii, nᵒ 8.

5ᵃ. — IMP. VICTORINVS AVG. Buſte lauré à droite.

℞. ADIVTRIX AVG. Même buſte de Diane à droite.

Or, quinaire. — Collection de M. Ch. Robert.

Nᵒ 6. — IMP. CAES. VICTORINVS P. F. AVG. Buſte lauré à droite.

℞. ADVENTVS AVG. L'empereur à cheval à gauche, tenant le ſceptre et levant la main droite.

Or. — Autrefois du Cabinet de France, inventaire de 1788. — *Cat. d'Ennery*, nᵒ 387.

Nᵒ 7. — ... RINVS.... Tête radiée à droite.

℞. Légende effacée, probablement ADVENTVS AVG. L'empereur à cheval à droite, levant la main gauche.

Moyen bronze. — Collection de l'auteur.

Cette pièce a été trouvée à Arpajon (Seine-&-Oiſe).

Nᵒ 8. — IMP. VICTORINVS P. F. AVG. Buſte radié à droite.

℞. ADVENTVS AV... Le Soleil radié de face, marchant

à gauche, la main droite étendue & dans la gauche le
fouet.

Petit bronze. — Collection de M. Oppermann.

N° 9. — IMP. C. PI. VICTORINVS AVG. Buste radié à droite.
℞. AEQVITAS AVG. L'Équité debout à gauche, tenant
une corne d'abondance et des balances.
Billon & petit bronze.

9ᵃ. — IMP. C. VICTORINVS P. F. AVG. Buste radié à
droite.
℞. AEQVITAS AVG. Même type de l'Équité.
Billon.

N° 10. — IMP. C. VICTORINVS. Buste radié à droite.
℞. AEQVITAS AV... Même type de l'Équité.
Petit bronze, quinaire. — Cabinet de France.

N° 11. — IMP. C. VICTORINVS P. F. AVG. Buste radié à
gauche.
℞. AEQVITAS AVG. Même type de l'Équité.
Billon & petit bronze. — Collections de M. Oppermann
et de l'auteur.

11ᵃ. — IMP. C. PIAV. VICTORINVS P. F. AVG. Buste
radié à droite.
℞. AEQVITAS AVG. Même revers.
Billon. — Banduri.

N° 12. — IMP. CAES. VICTORINVS P. F. AVG. Buste lauré
à droite.
℞. COMES AVG. Victoire debout à gauche, tenant une
palme et une couronne.
Or. — Cabinet de France. — Collections de M. Dupré
& de M. le duc de Blacas. — Caylus, n° 988.

N° 13. — IMP. CAES. VICTORINVS P. F. AVG. Buste lauré
à gauche.

℞. COMES AVG. Victoire, comme au n° précédent.
Or. — Mufée de Bourges (Cher).

N° 14. — IMP. C. PIAV. VICTORINVS P. F. AVG. Bufte
radié à droite.

℞. COMES AVG. Victoire debout à gauche, tenant une
palme & une couronne. Dans le champ, une étoile.
Petit bronze.

Vaillant décrit une variété en or & en bronze, avec la Victoire debout à droite. M. Cohen
(*Impériales*, t. v, p. 64, n°ˢ 12 & 13) croit qu'il y a confufion chez Vaillant.

N° 15. — IMP. VICTORINVS P. F. AVG. Bufte lauré à droite.

℞. COMES AVG. Bufte de Mars barbu et cafqué à droite;
le cafque orné d'un griffon courant.
Or. — Collection de M. Dupré, aujourd'hui du Cabinet
de France. — *Cat. Thomas*, n° 2728.

Cette pièce eft gravée dans l'ouvrage de M. Akerman, *Catalogue of rare and unedited
roman coins*, t. II, pl. IX, n° 9, London, 1834, in-8°.

N° 16. — IMP. C. VICTORINVS P. F. AVG. Bufte radié à
droite.

℞. COMES AVG. Mars debout & cafqué à droite, tenant
la hafte & le bouclier.
Petit bronze. — Collection de M. de La Fontaine, à
Luxembourg. — *Cat. Senckler*, n° 3789.

N° 17. — DIVO VICTORINO PIO. Bufte radié à droite.

℞. CONSACRATIO (*sic*). Aigle, les ailes éployées, pofé
fur un globe, regardant à gauche & tenant dans fon bec
une couronne.
Billon & petit bronze.

N° 18. — Même légende. Tête radiée à droite.

℞. CONSACRATIO (*sic*). Même type.
Billon.

18ᵃ. — La même médaille.

Petit bronze, quinaire. — *Cat. d'Ennery*, n° 4369.

Quelques exemplaires portent CONSECRATIO.

18 ᵇ. — EИ NISIVIS P P II (*sic*). Buſte radié à droite.

   ℞. ИTΛƧCI+ΛTIO (*sic*, pour *Conſecratio*). Aigle, les ailes éployées, regardant à droite.

   Petit bronze. — Collection de M. Ch. Robert.

18 ᶜ. — IMP. C. VICTORINVS P. F. AVG. Tête laurée à droite.

   ℞. COS. II. L'empereur en habit militaire debout, tenant une haſte & préſentant un globe à Rome aſſiſe; derrière, un ſoldat tenant une enſeigne.

   Or. — *Cat. Schellersheim*, p. 136.

N° 19. — IMP. C. VICTORINVS P. AVG. Têtes accolées de Victorin lauré & de Jupiter à droite; devant un foudre.

   ℞. DEFENSOR ORBIS. Deux guerriers caſqués, Poſtume & Victorin, debout à droite, tenant la haſte & le bouclier, & arrivant auprès de trois femmes nues, dont deux couchées & une debout, les trois Gaules.

   Billon. — *Publications de la Société pour la recherche & la conſervation des monuments hiſtoriques dans le Grand-Duché de Luxembourg*, t. IX, 1853, p. 151 & pl. VII, n° 3. — *Revue numiſmatique belge*, t. V, 2ᵐᵉ ſérie, p. 481.

N° 20. — IMP. C. VICTORINVS P. AVG. Buſte lauré à gauche, avec la haſte & le bouclier.

   ℞. DEFENSOR ORBIS. Même type des deux empereurs & des trois Gaules.

   Billon. — Baron Marchant, *Lettres ſur la numiſmatique & l'hiſtoire*, pl. XXV, n° 10, éd. de Leleux, Paris, 1851, in-8°.

20 ᵃ. — IMP. C. PI. VICTORINVS AVG. Buſte radié à droite.

℞. FIDES EXERCI. . . . . La Fidélité debout à gauche, tenant deux enseignes militaires.

Petit bronze.—*Jahrbücher des Vereins von Alterthumsfreunden im Rheinlande*, Heft XI, 1847, pl. II, n° 10. — *Cat. Senckler*, n° 3810.

Cette pièce est attribuée à Victorin jeune, parce que la tête, d'un travail très-négligé, paraît être imberbe.

N° 21. — IMP. C. M. PIAVVONIVS VICTORINVS P. F. AVG. Buste radié à droite.

℞. FIDES MILITVM. La Fidélité debout à gauche, tenant deux enseignes militaires.

Petit bronze. — Cabinet de France & autres collections.

Banduri indique une variété avec la légende : IMP. PIAVVONIVS VICTORINVS P. F. AVG.

N° 22. — IMP. C. PIAV. VICTORINVS P. F. AVG. Buste radié à droite.

℞. FIDES MILITVM. Même type.

Petit bronze. — Cabinet de France. — Collection de M. Métayer Maſſelin, à Bernay.

22ª. — IMP. C. VICTORINVS P. F. AVG. Buste radié à droite.

℞. FIDES MILITVM. Même type.

Billon. — Banduri, d'après Mezzabarba.

22ᵇ. — DIVO VICTORINO PIO. Tête radiée à droite.

℞. FIDES MILITVM. Même type.

Petit bronze. — Banduri.

Le même auteur indique encore la légende : IMP. CAES. VICTORINVS P. F. AVG.

22ᶜ. — IMP. C. VICTORINVS P. F. AVG. Tête laurée à droite.

℞. FIDES MILITVM. Aigle fur un globe, avec une couronne de laurier dans fon bec, entre deux enfeignes
militaires.

Or. — *Cat. Schellersheim*, p. 136.

22ᵈ. — ... I VICTORINVS. Tête radiée à droite.

℞. FORTVNA.... La Fortune affife à gauche, tenant un
gouvernail & un fceptre.

Petit bronze. — Collection de l'auteur.

Nº 23. — IMP. C. VICTORINVS P. F. AVG. Bufte radié à
droite.

℞. FORT. REDVX. La Fortune affife fur une roue à
gauche, tenant un gouvernail & une corne d'abondance.
Billon & petit bronze. — Mufée Britannique. — Cabinet de
Copenhague. — Ramus, *Cat. num., vet. mufei regis Daniæ*,
Addenda, p. 405. — Mufée de Genève. — Collection
Tôchon d'Annecy, vendue à Paris en 1858, *Cat.* nº 1180.

Banduri ajoute la légende : IMP. CAES. VICTORINVS P. F. AVG.

23ᵃ. — IMP. C. VIC. POS... Bufte radié à droite.

℞. IMP. X COS. .... Victoire debout à droite, relevant
le bras droit & tenant de la main gauche une palme.

Petit bronze, furfrappé fur une pièce de Poftume, pl. VII,
nº 112. — Collection de M. Oppermann.

Nº 24. — IMP. VICTORINVS P. F. AVG. Bufte lauré à gauche,
avec la hafte & le bouclier fur lequel eft repréfentée une
galère.

℞. INDVLGENTIA AVG. L'empereur debout à droite,
tenant la hafte, & relevant une femme à genoux, qui tient
une corne d'abondance.

Or, entouré d'une bordure découpée à jour & munie
d'une bélière. — Cabinet de la Haye.

Cette rare médaille a été trouvée en 1831, non loin des dunes, entre les villages de Ter
Heide et Monfter, à une lieue de la Haye. — *Tydfchrift voor algemeene Munt en Penningkunde*

uitgegeven door P. O. Van der Chys. Eerſte deel, 1838, bl. 81. — *Annotations aux Lettres du Baron Marchant, ſur la numiſmatique & l'hiſtoire*, p. 397, éd. de Leleux, Paris, 1851, in-8.

     M. Akerman (*Catalogue of rare and unedited roman coins*, t. II, p. 67, Lond., 1834, in-8) décrit ce type en petit bronze, collection de M. F. Douce.

N° 25. — IMP. CAES. VICTORINVS P. F. AVG. Buſte lauré à droite.

     ℞. INVICTVS. Buſte radié du Soleil à droite.

     Or. — Collection de M. Dupré, puis de M. Wigan, à Londres. — Autrefois du Cabinet de France, inventaire de 1788. — *Cat. d'Ennery*, n° 388. — *Numiſmatic Chronicle*, new ſeries, t. V, 1865, pl. VI, n° 7.

L'exemplaire gravé ſous le n° 25 a été trouvé à Lyon.

N° 26. — IMP. C. PIAV. VICTORINVS P. F. AVG. Buſte radié à droite.

     ℞. INVICTVS. Le Soleil debout, la tête radiée, à gauche, levant la main droite & tenant dans la gauche un fouet. Dans le champ, une étoile.

     Billon. — Cabinet de France & autres collections.

N° 27. — IMP. C. VICTORINVS P. F. AVG. Buſte radié à droite.

     ℞. INVICTVS. Même type du Soleil. Dans le champ, une étoile.

     Billon. — Cabinet de France & autres collections.

Tanini décrit une médaille de moyen bronze de ſa collection portant ce type.

N° 28. — Même légende barbare, même buſte.

     ℞. INVIC. IIVG. Même type. Dans le champ, une étoile. Petit bronze. — Collection de l'auteur.

     28ª. — …. TORVVS (*sic*). P. F. AVG. Tête radiée à droite.

     ℞. …NVICTVS. Même type du Soleil. Dans le champ, une étoile.

     Petit bronze. — Collection de M. Oppermann.

N° 29. — …. OΓDNVSOƐƐƐƐIC. Buſte radié à droite.

℞. I𝗠 .... ITVƧ. Le Soleil debout à gauche, levant la main droite & tenant un fouet.

Petit bronze. — Collection de l'auteur.

29ᵃ. — IMP. CAE. PI. VICTORINVS P. F. AVG. Buſte radié à droite.

℞. INVICTVS. Même type.

Petit bronze. — Académie des Sciences à Turin, *Muſée Lavy*, n° 4027.

N° 30. — IMP. VICTORINVS P. F. AVG. Buſte lauré à gauche, avec la haſte & le bouclier ſur lequel ſont repréſentés deux combattants.

℞. INVICTVS AVG. L'empereur à cheval à droite, frappant de ſa haſte un guerrier renverſé aux pieds du cheval

Or. — Cabinet de la Haye. — *Cat. Van Damme*, n° 580.

N° 31. — IMP. C. VICTORINVS P. F. AVG. Buſte radié à droite.

℞. IOVI CONSERVATOBI (*sic*). Jupiter debout à gauche, tenant le foudre & le ſceptre. A ſes pieds, une petite figure qui implore ſa protection.

Billon. — Cabinet de France.

N° 32. — IMP. C. VICTORINVS P. F. AVG. Buſte radié à droite.

℞. IOVI STATORI. Jupiter debout, vu de face, la tête tournée à droite, tenant le ſceptre & le foudre.

Billon. — Cabinet de France.

32ᵃ. — IMP. C. VICTORINVS P. F. AVG. Buſte radié à droite.

℞. IOV...... IORI (*Jovi Victori* (?)). Jupiter debout à gauche, appuyé ſur un ſceptre & offrant le globe du monde à l'empereur debout, placé en face de lui. A l'exergue, P.

Petit bronze. — Collection de M. Benjamin Fillon, à Fontenay-le-Comte (Vendée).

32 ᵇ. — IMP. C. VICTORINVS P. F. AVG. Tête laurée à
droite.

℞. LAETITIA AVG. La Joie debout à gauche, tenant une
couronne & une ancre.

Or. — *Muf. Wiczay Hedervar.*, t. II, n° 501.

Médaille fufpecte ; il en exifte un coin de Becker. Banduri l'admet comme authentique.

N° 33. — IMP. VICTORINVS P. P. AVG. Bufte radié à droite.

℞. LA..T...TIA N. VG. (*sic*). La Joie debout à gauche,
tenant une couronne & une ancre.

Billon. — Collection de l'auteur.

Dans le *Catalogue d'Ennery*, n° 1978, on trouve la defcription d'une pièce de billon
portant la légende : LAETITI AVG. N.

N° 34. — IMP. C....... F. AVG. Bufte radié à droite.

℞. ..AETITIA AVG. La Joie debout à gauche, tenant
une couronne & un fceptre.

Billon. — Cabinet de Vienne.

34ᵃ. — IMP. VICTORINVS P. F. AVG. Bufte lauré à
droite.

℞. LEG. PRIMA MINERVIA P. F. Victoire debout de
face, marchant à droite & tenant une couronne et une
palme, la tête tournée à gauche & fuivie d'un bélier.

Or. — Cabinet de Berlin. — *Berliner Blätter für Münz
Siegel und Wappenkunde*, III, pl. XXXVIII, n° 9.

N° 35. — IMP. VICTORINVS P. F. AVG. Bufte lauré à droite.

℞. LEG. II TRAIANA; dans le champ P. F. Hercule
debout à droite, la peau de lion fur le bras gauche, tenant
la maffue & l'arc.

Or. — Bibliothèque de Strasbourg (Bas-Rhin).

N° 36. — IMP. C. VICTORINVS P. F. AVG. Tête laurée à
droite.

℞. LEG. IIII FLAVIA P. F. Tête de l'Afrique à droite,

coiffée de la dépouille d'un éléphant; au-deſſous, deux
lions debout, placés en face l'un de l'autre.
Or. — Muſée Britannique. — Collection Pembroke,
Numiſm. ant. pars I, tab. xxii, n° 76, & *Cat.* n° 973.

N° 37. — IMP. C. VICTORINVS P. F. AVG. Buſte lauré à
gauche, avec la cuiraſſe, la haſte & le bouclier orné d'une
tête de Méduſe.
℞. LEG. V MACIDONICA (*sic*); à l'exergue, P. F.
Taureau à droite & aigle poſé ſur un globe, les ailes
éployées & tenant une couronne dans ſon bec.
Or. — Collection Trivulce à Milan. — *Revue numiſmatique*, 1860, p. 201.

N° 38. — IMP. VICTORINVS P. F. AVG. Tête laurée à droite.
℞. LEG. X FRETENSIS; à l'exergue, P. F. Taureau à
droite.
Or. — Muſée Britannique. — *Cat. d'Ennery*, n° 389.

N° 39. — IMP. VICTORINVS P. F. AVG. Tête laurée à droite.
℞. LEG. XIII GEMINA; à l'exergue, P. F. Lion paſſant
à gauche.
Or. — Muſée Hunter, à Glaſgow.

N° 40. — IMP. C. VICTORINVS P. F. AVG. Tête laurée à
droite.
℞. LEG. XIIII GEMINA P. F. Capricorne à droite &
aigle poſé ſur un globe, les ailes éployées & tenant une
couronne dans ſon bec.
Petit bronze. — Collection de l'auteur.

N° 41. — IMP. VICTORINVS P. F. AVG. Tête laurée à gauche.
℞. LEG. XX VAL. VICTRIX; à l'exergue, P. F. Sanglier
à gauche.
Or. — Autrefois du Cabinet de France, inventaire de
1788. — *Cat. d'Ennery*, n° 390.

Nᵒ 42. — IMP. C. VICTORINVS P. F. AVG. Têtes accolées de Victorin lauré & du Soleil radié à gauche.

℞. LEG. XX VAL. VICTRIX; à l'exergue, P. F. Sanglier à gauche.

Or. — Cabinet de Copenhague. — Ramus, *Cat. num. vet. mufei regis Daniæ*, nᵒ 8.

Nᵒ 43. — IMP. C. VICTORINVS P. F. AVG. Tête laurée à gauche.

℞. LEG. XXII PRIMIGENIE. Hercule debout de face, la tête tournée à gauche, la peau de lion fur le bras gauche, tenant la maffue & l'arc. A gauche dans le champ, le capricorne tourné à droite.

Petit bronze. — Hardouin, *Opera felecta*, p. 680.

43ᵃ. — IMP. C. VICTORINVS P. F. AVG. Tête laurée à droite.

℞. LEG. XXII P. F. Hercule debout de face, la tête tournée à gauche, la peau de lion fur le bras gauche, la main droite appuyée fur la maffue. A gauche dans le champ, le capricorne à droite.

Or. — Cabinet de Berlin. — *Berliner Blätter für Münz Siegel und Wappenkunde*, III, pl. xxxviii, nᵒ 10.

Nᵒ 44. — IMP. C. VICTORINVS P. F. AVG. Tête laurée à droite.

℞. LEG. XXX VLP. VICT. P. F. Jupiter debout à droite & retournant la tête à gauche; dans fa main droite le fceptre, dans la gauche le foudre. A gauche, le capricorne.

Or. — Cabinet de France.

Banduri ajoute la légende : LEG. XXX VLPIA PIA F. — La légende : LEG. XXXVI P. VICT. P. F. eft une légende mal lue, & n'eft que la légion XXX *Ulp. vict. p. f.*

Nᵒ 45. — IMP. VICTORINVS P. F. AVG. Tête laurée à droite.

℞. LEG. XXX VLP. VICT. P. F. Même type.

Or. — Mufée Britannique.

N° 46. — IMP. C. VICTORINVS P. F. AVG. Têtes accolées de
Victorin lauré & du Soleil radié à gauche.

R/. LEG. XXX VLP. VICT. P. F. Même type.
Or. — Mufée Britannique. — Collection de M. le duc
de Blacas.

N° 47. — IMP. C. VICTORINVS P. F. AVG. Bufte radié à
droite.

R/. ΛΛRS (*sic*) VICTOR. Mars nu & cafqué, marchant à
droite, tenant la hafte de la main droite & portant un
trophée fur l'épaule gauche.
Billon. — Collections de M. Oppermann & de M. Vifcher,
à Bâle.

47 [a]. — IMP. C. VICTORINVS P. F. AVG. Bufte radié à
droite.

R/. MONETA AVG. La Monnaie debout à gauche, tenant
des balances & une corne d'abondance.
Billon. — Collection de M. Billard, à Breft, maintenant
dans celle de l'auteur.

47 [b]. — IMP. .... NVS PLVC (*sic*). Bufte radié à droite.

R/. MONETA AVG. Même type de la Monnaie.
Billon. — Collection de M. Billard, à Breft, maintenant
dans celle de l'auteur.

N° 48. — ... ICTORINVS AVG. PIV.. Tête radiée à droite.

R/. ORI... AVG. Le Soleil marchant à gauche, levant la
main droite & tenant un fouet de la gauche.
Petit bronze.

N° 49. — ... VTORINVS (*sic*) P. F. AVG. Tête radiée à droite.

R/. ... RIENS A... (*Oriens Aug.*) Même type du Soleil. Dans
le champ à gauche, P.
Petit bronze.

N° 50. — IMP. CAES. VICTORINVS P. F. AVG. Bufte lauré à droite.

℞. PAX AVG. La Paix debout à gauche, tenant un rameau d'olivier & un fceptre.

Or. — Autrefois du Cabinet de France, inventaire de 1685. — Caylus, 951.

N° 51. — IMP. C. M. PIAVVONIVS VICTORINVS P. F. AVG. Bufte radié à droite.

℞. PAX AVG. Même type de la Paix.

Petit bronze. — Collections de M. Dupré & de l'auteur.

N° 52. — IMP. C. VICTORINV... F. AVG. Tête radiée à gauche.

℞. PAX AV... Même type de la Paix. Dans le champ, à gauche, V.

Petit bronze. — Collection de l'auteur.

52ᵃ. — IMP. C. VICTORINVS P. F. AVG. Même tête à gauche.

℞. PAX AVG. Même type de la Paix. Dans le champ, V & une étoile.

Petit bronze. — Collection de l'auteur.

N° 53. — IMP. C. PIAV. VICTORINVS P. F. AVG. Bufte radié à droite.

℞. PAX AVG. Même type de la Paix. Dans le champ, la lettre V & une étoile.

Billon.

N° 54. — Même légende, même bufte.

℞. Même légende, même type, légèrement varié.

Petit bronze.

54ᵃ — Même légende, même bufte.

℞. PAX AVG. La Paix debout à gauche, tenant un rameau d'olivier & un fceptre.

Billon. — Chez M. Charvet.

N° 55. — IMP. C. VICTORINVS P. F. AVG. Buſte radié à droite.

℞. PAX AVG. Même type de la Paix. Dans le champ, V & une étoile.

Petit bronze.

N° 56. — Même légende, même buſte.

℞. PAX AVG. Même type de la Paix. Dans le champ, à gauche, V, à droite, une étoile & une petite branche.

Billon.

N° 57. — IWb VICTORINVS P. F. AV. PIC. (*sic*). Buſte radié à droite.

℞. PΛX ΛVG. Même type de la Paix à gauche. Dans le champ, à gauche, P.

Petit bronze.

N° 58. — ...MP. C. VICTORINIV ... VG. Tête radiée à droite.

℞. ΛIVƆΛV. Femme (la Paix?) debout à gauche, tenant un ſceptre de la main droite.

Petit bronze.

N° 59. — IMP. C. VICT.. S PI. AVG. Buſte radié à droite.

℞. PAX AVG. La Paix courant à gauche, tenant un rameau d'olivier & un ſceptre.

Petit bronze.

N° 60. — IVOαDIIΩINꟼOVSDIRIVΛ. Tête radiée à droite.

℞. ΛIIΛ. (pour *Pax*). La Paix debout à gauche, tenant une branche d'olivier & un ſceptre.

Petit bronze.

N° 61. — IMP. VICTORINVS L. Buſte radié à droite.

℞. PAX AVG. La Paix debout à gauche, ſacrifiant ſur un

autel, autour duquel s'enroule un ferpent; dans fa main gauche une hafte, la pointe en bas.

Petit bronze. — Cabinet de France.

Banduri donne la légende : IMP. C. VICTORINVS P. AVG.

Nº 62. — ... VICTORIИVS P. F. AVG. Tête radiée à droite.

R̸. PAX AVG. La Paix debout à gauche, tenant un rameau d'olivier & un fceptre.

Petit bronze.

62 ª. — IMP. C. VICTORINVS P. F. AVG. Bufte radié à droite.

R̸. .... AX A... La Paix marchant à gauche, la main droite étendue & tenant de la gauche une palme; à fes pieds un captif.

Billon. — Collection de M. Billard, à Breft, maintenant dans celle de l'auteur.

62 ᵇ. — IMP. ... ORINVS P... AVG. Bufte radié à droite.

R̸. PAX AV... La Paix marchant à gauche, tenant un rameau d'olivier & un fceptre. A l'exergue, T.

Billon. — Collection de M. Billard, à Breft, maintenant dans celle de l'auteur.

62 ᶜ. — ... TORINVS P. F. AVG. Bufte radié à droite.

R̸. ... AX AVG. La Paix debout à gauche, tenant une branche d'olivier & un fceptre. Dans le champ, P.

Billon.

Nº 63. — IMP. C. VICTORINVS P. F. AVG. Tête radiée à droite.

R̸. PIE.... Vafes & inftruments de facrifice.

Petit bronze. — Collection de M. de La Fontaine, à Luxembourg. — *Cat., Senckler*, nº 3800.

Nº 64. — ... VICTORINVS P... Tête radiée à droite.

R̸. III IIı . Præfericulum.

Petit bronze. — Collection de M. Oppermann.

N° 65. — III VCTORIN... Tête radiée à droite.

℞. Λ.... VAS.. V. Vafes & inftruments de facrifice.

Petit bronze. — Collection de M. Oppermann.

N° 66. — IMP. C. VICTORINVS P. F. AVG. Bufte radié à droite.

℞. PIETAS AVG. La Piété debout à gauche, auprès d'un autel allumé, tenant la boîte à encens & mettant un grain d'encens dans le feu.

Petit bronze.

N° 67. — Même légende, même bufte.

℞. PIETAS AVG. Même type de la Piété. Dans le champ, une étoile.

Petit bronze.

N° 68. — .... ORINVS P. F. AVG. Bufte radié à droite, avec furfrappe ... CTORINVS & la partie fupérieure de la tête radiée.

℞. PIETAS AVG. Même type de la Piété.

Petit bronze. — Mufée Britannique.

68 ᵃ. — IMP. VICTORINVS P. F. AVG. Bufte radié à droite.

℞. PIETAS AVG. La Piété debout à gauche, auprès d'un autel, & tenant une patère & une hafte ou plutôt un fceptre.

Petit bronze. — Banduri & Tanini.

68 ᵇ. — IMP. C. VICTORINVS P. F. AVG. Bufte radié à droite.

℞. P. M. TR. P. II COS. P. P. L'empereur lauré, en habit militaire, marchant à droite & portant une hafte & un trophée.

Petit bronze. — Banduri.

Vaillant donne la légende : P. M. TR. P. COS. II. P. P.

68 c. — IMP. C. VICTORINVS P. F. AVG. Bufte radié à droite.

℞. P. M. TR. COS. II P. … Lion ou panthère paffant à gauche (1). A l'exergue, COS.

Billon. — Collection de M. l'abbé Defnoyers, à Orléans.

68 d. — IMP. C….. TOR… AG. Bufte radié à droite.

℞. P. M. Oq COS. II C. Lion ou panthère paffant à gauche. A l'exergue, COS.

Billon. — Collection de M. l'abbé Defnoyers, à Orléans.

68 e. — … S… AVG. Bufte radié à droite.

℞. .. MOqTIIC. (*P. M. Tr. II Cos?*) Lion ou panthère paffant à gauche.

Petit bronze. — Mufée de Limoges (Haute-Vienne).

N° 69. — VICTORINVS AVG. Bufte cafqué à droite, avec la cuiraffe, la hafte & le bouclier.

℞. P. M. TR. P. III COS. II P. P. L'empereur, la tête voilée, facrifiant fur un autel, à gauche.

Or, quinaire. — Autrefois du Cabinet de France, inventaire de 1685. — Caylus, 952.

N° 70. — IMP. C. VICTORINVS AVG. Bufte radié à droite.

℞. P. M…. S. II P. P. L'empereur, en habit militaire, debout à gauche, tenant la hafte & le globe.

Petit bronze. — Collection de M. Metayer Maffelin, à Bernay. — *Revue numifmatique*, 1859, p. 433.

N° 71. — IMP. C. VICTORINVS …. Tête radiée à droite.

℞. …. P. COS. III P. P. L'empereur cafqué, en habit militaire, debout à gauche, tenant la hafte & le globe.

Petit bronze. — Collection de M. Achille Hoart. — *Revue numifmatique*, 1859, *l. cit.*

---

(1) Ce type a beaucoup d'analogie avec celui d'une médaille à l'effigie de Gallien, ayant au revers la légende : LIBERO P. CONS. AVG. Panthère paffant à gauche. Cohen, *Impériales*, t. IV, p. 390, n°ˢ 337-339.

Nº 72. — IMP. CAES. VICTORINVS P. F. AVG. Bufte lauré à droite.

℟. PROVIDENTIA AVG. Tête de Médufe de face.

Or. — Mufée Hunter, à Glafgow.

La tête de Médufe avec la légende : PROVIDENTIA fe trouve au revers de Septime Sevère & de Caracalla. Cohen, *Impériales*, t. III, p. 275, nᵒˢ 351, 352, & p. 401, nᵒˢ 299 & 300.

Nº 73. — ... VICTORINVS P. F. AVG. Bufte radié à droite.

℟. PROVIDENTIA AVG. La Providence debout à gauche, tenant un fceptre & une corne d'abondance.
Billon.

73ª. — IMP. C. VICTORINVS P. F. AVG. Bufte radié à droite.

℟. PROVIDENTIA AVG. La Providence debout à gauche, tenant un fceptre & une corne d'abondance. A fes pieds un globe.
Billon & petit bronze.

Banduri, d'après Mezzabarba, décrit ce type en or & en billon & ajoute la légende : PROVIDENTIA AVGVSTI.

Nº 74. — IMP. C. VICTORINVS P. F. AVG. Bufte radié à droite.

℟. DIIOVIꟼꓷEOV (*Providentia Aug.*). La Providence debout à gauche, comme au nº 73.
Petit bronze. — Colleꞔion de M. Oppermann.

74ª. — IMP. C. PI. VICTORINVS AVG. Bufte radié à droite.

℟. PROVIDENTIA AVG. La Providence debout à gauche, tenant une baguette & une corne d'abondance. A fes pieds un globe.
Petit bronze. — Banduri.

Nº 75. — DIVO VICTORINO PIO. Tête radiée à droite.

℞. PROVIDENTIA AVG. La Providence debout à gauche, tenant un gouvernail & une corne d'abondance.

Petit bronze. — Cabinet de Vienne. — Collections de Mlle Rolin, à Nancy, de M. Oppermann, de M. Achille Hoart, & de l'auteur. — *Revue numifmatique*, 1837, p. 144.

N° 76. — IMP. CAES. VICTORINVS PIVS FELIX AVG. Bufte lauré à droite, avec la cuiraffe.

℞. ℛ (*eftitutori*) GALLIARVM; à l'exergue, VOTIS PVBLICIS (1). L'empereur, en habit militaire, debout à gauche, relevant la Gaule tourelée à genoux, & portant de la main gauche le parazonium. Il eft couronné par la Victoire debout à droite, qui tient une palme; fur le fecond plan, à gauche, derrière la Gaule, eft la Félicité debout, tournée à droite, tenant un fceptre & une corne d'abondance.

Médaillon de bronze. — Cabinet de France.

N° 77. — IMP. VICTORINVS P. F. AVG. Bufte lauré à gauche, avec la hafte & le bouclier, fur lequel eft repréfentée une galère avec des rameurs.

℞. ROMAE AETERNAE. Bufte de Rome cafquée à droite, fous les traits de Victorine.

Or. — Collection de M. le duc de Blacas.

N° 78. — IMP. CAES. VICTORINVS P. F. AVG. Bufte lauré à gauche.

℞. ROMAE AETERNAE. Bufte de Rome cafquée à droite, fous les traits de Victorine.

Or. — *Cat. Schellersheim*, p. 136.

Il y avait dans la collection de la ville de Leipzig, vendue en 1853, une pièce d'argent portant ce type, *Cat.* n° 3547.

---

(1) Mionnet a lu VICTORIA AVG. Les lettres gravées à l'exergue font très-difficiles à diftinguer; je n'héfite pas à adopter la leçon propofée par M. Cohen, *Impériales*, t. v, p. 74, n° 85.

N° 79. — IMP. CAES. VICTORINVS P. F. AVG. Bufte lauré à
droite.

℞. SAECVLI FELICITAS. La Fortune ou l'Abondance,
coiffée du modius, debout à droite, le pied gauche pofé
fur une proue de vaiffeau & tenant un enfant fur fon
genou; près d'elle un gouvernail.
Or. — Cabinet de France. — Caylus, 953.

Vaillant & Banduri décrivent la même médaille en or & en billon. — L'exemplaire de
billon de la collection Pembroke (*Numifm. ant.*, pars III, tab. XXVIII, & *Cat.* n° 1190)
eft une pièce coulée.

N° 80. — VICTORINVS I F AVG. Bufte radié à droite.

℞. .. CVLI PELICI .... (*sic,* pour *Sæculi Felicitas*). L'empereur, marchant à droite, tenant dans la main droite la
hafte & dans la gauche le globe.
Petit bronze. — Collection de M. Oppermann.

N° 81. — IMP. C. VICTORINVS P. F. AVG. Bufte radié à
droite.

℞. SALVS AVG. La Santé debout à gauche, tenant un
fceptre & facrifiant fur un autel vers lequel s'élance un
ferpent.
Billon.

N° 82. — IMP. C. VICTORINVS P. F. AVG. Bufte radié à
droite.

℞. SALVS AVG. La Santé debout à droite, nourriffant un
ferpent qu'elle tient dans fes bras.
Billon.

N° 83. — IMP. C. VICTORINVS P. F. AVG. Bufte radié à
gauche.

℞. SALVS AVG. Même type de la Santé.
Billon. — Cabinet de France & autres collections.

N° 84. — IMP. VICTORINVS AVG. Buſte radié à gauche, avec
le bouclier.

℞. SALVS AVG. Même type de la Santé.
Petit bronze. — Cabinet de France. — Collection de
l'auteur.

84ᵃ. — IMP. C. PI. VICTORINVS P. F. AVG. Buſte radié
à droite.

℞. SALVS AVG. Même type de la Santé.
Petit bronze. — Banduri.

84ᵇ. — IMP. C. PIAV. VICTORINVS AVG. Buſte radié à
gauche, avec le bouclier & la haſte.

℞. SALVS AVG. Même type de la Santé.
Petit bronze. — Banduri.

84ᶜ. — IMP. C. VICTORINVS P. F. AVG. Buſte radié à
droite.

℞. ƆΛVSVꓕΛS (*Salus Aug.*). La Santé debout à gauche,
nourriſſant un ſerpent qu'elle tient dans ſes bras.
Billon. — Collection de M. Oppermann.

N° 85. — PMP. (*sic*) C. VICTORINVS .... Buſte radié à droite.

℞. ... ALVS AVG. Victoire courant à droite & tenant une
palme. Dans le champ, A.
Petit bronze. — Collection de M. Metayer Maſſelin, à
Bernay.

N° 86. — IMP. C. VICT.... P... Buſte radié à droite.

℞. SECVRITAS AVGG. La Sécurité aſſiſe à gauche, tenant
un ſceptre.
Petit bronze. — Cabinet de France. — *Revue numiſmatique*, 1859, p. 438.

N° 87. — IMP. C. VICTORINVS P. F. AVG. Tête radiée à
droite.

℟. SPES PVBLICA. L'Efpérance marchant à gauche, & tenant une fleur & un fceptre.
Billon. — Cabinet de France.

N° 88. — Même légende, même tête.

℟. SPES PVBLIC... L'Efpérance marchant à gauche, tenant une fleur & relevant fa tunique.
Petit bronze. — Collection de l'auteur.

88ª. — Même légende, même bufte.

℟. ..... PVBLICA (*Spes publica*). Même type de l'Efpérance.
Billon. — Collection de M. Oppermann.

88ᵇ. — .... RINVS P. F. AVG. Tête radiée à droite.

℟. SPE.... P. .. Même type de l'Efpérance.
Petit bronze. — Collection de l'auteur.

88ᶜ. — IMP. C. VICTORIN..... Tête radiée à droite.

℟. Légende effacée. Même type de l'Efpérance.
Petit bronze, quinaire. — Collection de M. Jofeph Roman.

N° 89. — IMP. C. VICTORINVS P. F. AVG. Bufte radié à droite.

℟. IBERTAS (*sic*) AVG. La Fertilité debout à gauche, tenant un pis de vache & une corne d'abondance.
Petit bronze. — Cabinet de Copenhague. — Ramus, *Cat. num. vet. mufei regis Daniæ*, n° 23. — Collections de MM. Gouaux, Achille Hoart & de l'auteur.

N° 90. — IMP. VICTORINVS AVG. Bufte lauré & cuiraffé à droite, avec la hafte & le bouclier.

℟. VICTORIA AVG. Bufte de la Victoire ailée & laurée à droite, fous les traits de Victorine, tenant une palme & une couronne.
Or. — Cabinet de Berlin. — Collection de M. Dupré,

puis de M. Wigan, à Londres. — *Numifmatic Chronicle*, new feries, t. V, 1865, pl. vi, n° 9.

La pièce gravée fous le n° 90 eft l'exemplaire de la collection de M. Dupré, & a été trouvée à Francfort.

N° 91. — IMP. VICTORINVS PIVS AVG. Buftes accolés de Victorin lauré & de Mars cafqué à droite.

    ℞. VICTORIA AVG. Bufte de la Victoire à droite, femblable à celui du n° précédent.

    Or. — Cabinet de Vienne. — Jofephus de France, *Cimelium Auftr. Vindob.*, tab. iv, n° 15. — Khell, *Ad numifm. Impp. Rom. aurea & argentea a Vaillantio edita Suppl.*, p. 196.

91ᵃ. — IMP. VICTORINVS P. F. AVG. Têtes accolées de Victorin & du Soleil, l'une laurée, l'autre radiée, à gauche.

    ℞. VICTORIA AVG. Victoire debout, tenant une palme & une couronne.

    Or. — Mionnet. — Autrefois du Cabinet de France.

Il eft dit, dans un ancien Catalogue du Cabinet des médailles, que la feconde tête eft celle de Victorin le fils, mais il eft évident que l'une des deux têtes eft celle de l'empereur & l'autre celle du Soleil, comme fur les pièces d'or décrites fous les nᵒˢ 42 & 46 de notre pl. xxvii. — Cette médaille était entrée au Cabinet en 1814, par échange avec le chevalier de Pina.

N° 92. — IMP. C. VICTORINVS P. F. AVG. Bufte radié à droite.

    ℞. VICTORIA AVG. Victoire marchant à gauche & tenant une couronne & une palme.

    Petit bronze.

N° 93. — ..... VICTORINVS P. F. AVG. Tête radiée à droite.

    ℞. Même type de la Victoire légèrement varié.

    Petit bronze. — Collection de l'auteur.

N° 94. — VICTORINVS AVG. Bufte cafqué à gauche; le cafque orné d'un bige & d'une tête de bélier.

℞. VICTORIA AVG. Victoire debout à gauche, tenant une couronne et une palme.

Or. — Musée de Trèves. — *Jahrbücher des Vereins von Alterthumsfreunden im Rheinlande*, Heft IV, 1844, pl. III, n° 3.

N° 95. — IMP. VICTORINVS P. F. AVG. Tête laurée à droite.

℞. VICTORIA AVG. Victoire debout à gauche, avec les mêmes attributs, comme au n° précédent.
Billon. — Collection de M. le comte de Salis, aujourd'hui au Musée Britannique.

N° 96. — IMP. VICTORINVS P. F. AVG. Tête laurée à droite.

℞. VICTORIA AVG. Victoire courant à droite & tenant une couronne & une palme.
Billon. — Collection de M. Aldenkirchen, à Cologne.
Pièce fourrée. — Collection de l'auteur.

96ª. — IMP. C. VICTORINVS AVG. Buste radié à droite.

℞. VICTORIA AVG. Victoire debout près d'un autel, tenant une patère & un trophée.
Petit bronze. — Vaillant & Banduri.

96ᵇ. — IMP. C. PI. VICTORINVS AVG. Buste radié à droite.

℞. VICT..... CA. (*Victoria Germanica ?*). Trophée au pied duquel sont deux captifs assis. A l'exergue, traces de trois lettres L P C (?).
Petit bronze. — Collection de M. Péry, à Bordeaux.

N° 97. — IMP. C. VICTORINVS P. F. AVG. Buste radié à droite.

℞. VIRTVS AVG. Mars casqué debout à droite, tenant la haste & le bouclier.
Billon.

N° 98. — Même légende, même buste.

℞. VIRTVS AVG. Mars casqué debout à gauche, avec les mêmes attributs.

Billon.

N° 99. — IMP. C. VICTORINVS P. F. AVG. Buste radié à droite.

℞. VIRTVS AVGG. Statue de Mars debout dans un temple tétrastyle.

Petit bronze. — Collection de M. Ch. Robert.

Cette rare pièce a fait partie de la collection de l'abbé Campion de Terfan.

N° 100. — IMP. C. VICTORINVS P. F. AVG. Buste radié à droite.

℞. VIRT... P... IVGG. Diane chafferesse debout à gauche, vêtue d'une tunique courte & appuyée sur une haste; près d'elle une biche.

Petit bronze. — Collection de M. le vicomte de l'Espine.

100ᵃ. — IMP. C. VICTORINVS. Buste radié à droite.

℞. VIRTVS AVG. Hercule nu debout à gauche, tenant la massue.

Petit bronze. — Collection de M. Oppermann.

N° 101. — IMP. CAES. VICTORINVS P. F. AVG. Buste lauré à droite.

℞. VOTA AVGVSTI. Bustes accolés de Pallas ou de Rome casquée sous les traits de Victorine & de Diane, la tête nue, à droite, devant l'arc.

Or. — Cabinet de France.

N° 102. — IMP. VICTORINVS P. F. AVG. Buste lauré & cuirassé à gauche, avec la haste & le bouclier sur lequel sont représentés deux combattants.

℞. VOTA AVGVSTI. Mêmes bustes de Pallas ou de Rome, sous les traits de Victorine & de Diane à droite.

Or. — Collection de M. le major de Rauch, à Berlin.

N° 103. — IMP. VICTORINVS P. F. AVG. Même buſte à gauche, avec les mêmes attributs.

℟. VOTA AVGVSTI. Buſtes en regard d'Apollon, lauré, avec le carquois ſur l'épaule, & de Diane, la tête nue, avec l'arc.

Or. — Cabinet de France. — Muſée Britannique. — Collection Pembroke, *Numiſm. ant.*, pars I, tab. XXII, n° 87 & *Cat.* n° 974. — Collection de M. Dupré, puis de M. Wigan, à Londres. — Caylus, 954. — *Numiſmatic Chronicle*, new ſeries, t. V, 1865, pl. VI, n° 8.

N° 104. — IMP. VICL. (*sic*). Tête radiée à droite.

℟. IMV. Quadrupède (lion ou griffon) marchant à droite.

Petit bronze. — Collection de M. Achille Hoart.

N° 105. — IMP. VICTORINVS PIV... Buſte radié à droite.

℟. IITΛ. Cheval ou mulet courant à droite.

Petit bronze. — Collection de M. de Montigny.

N° 106. — Légende & tête effacées.

℟. Quadrupède marchant à droite. A l'exergue, traces de deux lettres, P. F.?

Petit bronze. — Collection de l'auteur.

N° 107. — IMP. C. VICTORINVS.... VG. Buſte radié à droite.

℟. ƆS.. LV. AC. (pour *Salus Aug.*?). Femme debout à gauche, tenant une patère & un ſceptre.

Petit bronze. — Cabinet de France.

M. Cohen (*Impériales*, t. V, p. 65, n° 19) a cru lire : FELIC? T. C. V. P. (*sic*). La légende eſt très-effacée.

N° 108. — ...P. C. VICTORINVS.... Tête radiée à droite.

℟. P. IIID.... (peut-être *Providentia?*). Femme debout à gauche, tenant un ſceptre.

Petit bronze. — Collection de l'auteur. — *Revue numiſmatique*, 1859, p. 433, où la légende eſt mal indiquée : ...R. P. III P. P.

N° 109. — IWP. C· VICTORINVS···· Tête radiée à droite.
 ℞. IIIVRP. (peut-être *P. M. Tr. P.?*). Le Soleil debout, la tête radiée, de face, tenant le globe & le fceptre. Dans le champ, L.
 Petit bronze. — Collection de M. Oppermann.

N° 110. — ΛΑϤIIIꞮRIO … Tête légèrement barbue & radiée à droite.
 ℞. ATS.. (TI pour *Salus Augufti?*). Femme debout à droite, tenant un fceptre & un rameau.
 Petit bronze.

N° 111. — ..M. C. VICTORINVS … Bufte radié à droite.
 ℞. ϨIIM. Femme debout à gauche, tenant un fceptre & une branche d'olivier comme la Paix.
 Petit bronze.

N° 112. — IMP. VICTORINVS. Bufte radié à droite.
 ℞. IΛVƆH. Édicule; à l'exergue, XII.
 Petit bronze. — Collection de M. Affelin, à Cherbourg.

N° 113. — IMP. C. VIC.....VS P. F. AVG. Bufte radié à droite.
 ℞. PVS X CII (peut-être *Pax Aug.?*). Femme debout à droite, entre grenètis.
 Petit bronze.

LAELIANVS

(266-267 *après* J.-C.)

N° 1. — IMP. C. LAELIANVS P. F. AVG. Buſte lauré à droite.
℞. TEMPORVM FELICITAS. L'Eſpagne aſſiſe à gauche, tenant une branche d'olivier & ayant près d'elle un lapin.
Or. — Cabinet de France. — Muſée Britannique. — Colleƈtions de MM. le duc de Blacas, Dupré, Ch. Robert. — Caylus, 1052. — *Cat. d'Ennery*, n° 386. — *Mus. Wiczay Hedervar.*, t. II, n° 500.

Il exiſte un coin de Becker.

N° 2. — IP (*sic*). C. VLP. COR. LAELIANVS. Buſte radié à droite.
℞. VICTORIA AVG. La Viƈtoire marchant à droite, tenant une palme & une couronne.
Petit bronze. — Cabinet de France. — Colleƈtion de M. Billard, à Breſt. — *Cat. d'Ennery*, n° 4366. — Colleƈtion Welzl de Wellenheim, *Cat.* n° 13568. — *Cat. Senckler*, n° 3781.

Il y avait un exemplaire de cette rare médaille dans la colleƈtion Goſſellin, *Cat.* n° 1181. L'exemplaire qui ſe trouvait dans la colleƈtion Tôchon d'Annecy, était une pièce coulée.

N° 3. — IMP. C. LAELIANVS P. F. AVG. Buſte radié à droite.
℞. VICTORIA AVG. Viƈtoire marchant à droite & tenant une palme & une couronne.
Petit bronze.

Nᵒ 4. — IMP. C. LAELIANVS P. F. AVG. Bufte radié à droite.
℞. VICTORIA AVG. Même type varié de la Viƈloire à droite.
Billon, petit bronze.

Nᵒ 5. — IMP. C. LAELIANVS P. F. AVG. Bufte radié à droite.
℞. VICTORIA AVG. Viƈloire debout à gauche, le corps penché en arrière, tenant une couronne & une palme.
Billon.

Nᵒ 6. — IMP. C. LAELIANVS P. F. AVG. Bufte lauré à droite.
℞. VIRTVS MILITVM. La Valeur debout à gauche, le fein droit découvert & tenant de la main droite une hafte & de la gauche un vexillum fur lequel eft infcrit le chiffre XXX.
Or. — Colleƈlion de M. Ponton d'Amécourt. — *Revue numifmatique belge*, 4ᵐᵉ férie, t. III, p. 210.

Cette rare pièce a été trouvée dans la Campine, aux environs d'Anvers (Belgique).

Nᵒ 7. — Même légende, même bufte.
℞. VIRTVS MILITVM. Même type de la Valeur debout à gauche avec les mêmes attributs.
Argent. — Colleƈlion de l'auteur.

Cette pièce, portant le même type que l'aureus décrit fous le nᵒ 6, mais d'un coin différent, a été trouvée en 1863, au camp de Céfar, à Brefles, près de Beauvais (Oife).

MARIVS

(267 après J.-C.)

Nº 1. — IMP. C. M. AVR. MARIVS P. F. AVG. ou IMP. C. M.
AVR. MARIVS AVG. Bufte radié à droite.

 ℞. AEQVITAS AVG. L'Équité debout à gauche, tenant
des balances & une corne d'abondance.
Petit bronze. — Tanini, p. 126. — *Cat. d'Ennery*, n° 1983.

1ª. — IMP. C. M. AVR. MARIVS P. F. AVG. Bufte lauré à
droite.

 ℞. CONCORDIA MILITVM. Deux mains jointes.
Or. — Cabinet de France. — Mufée Britannique. — Cabinet
de Saint-Pétersbourg. — Collection de M. Dupré. —
Caylus, 955.

Il exifte un coin de Becker, mais avec la tête radiée & la légende : IMP. C. MARIVS
P. F. AVG.

Nº 2. — IMP. C. MARIVS P. F. AVG. Bufte radié à droite.
 ℞. CONCORDIA MILITVM. Même type des deux mains
jointes.
Billon, petit bronze.

Nº 3. — IMP. C. MARIVS P. F. AVG. Bufte radié à droite.
 ℞. CONCORD. MILIT. Même type des deux mains
jointes.
Petit bronze.

Banduri décrit une pièce portant la légende : CONCORDIA MILIT.

3 ᵃ. — IMP. C. M. AVR. MARIVS P. F. AVG. Buſte radié à
    droite.
    ℞. CONCORD. MILIT. Même type des deux mains jointes.
    Billon, petit bronze.

Dans le *Catalogue d'Ennery*, nᵒ 1984, ſe trouve décrite une médaille de petit bronze
portant au revers la légende : CONCORDIAE MILITVM. Même type des deux mains
jointes. — Cf. Tanini, p. 126.

3 ᵇ. — CΛΛVCPV∽OIIM CS VΛ.. Buſte radié à droite.
    ℞. ΛODɪVS… Deux mains jointes.
    Petit bronze. — Collection de l'auteur.

3 ᶜ. — IMP. MARIVS P. F. AVG. Tête radiée à droite.
    ℞. CONCORDIA MILITVM. Deux mains jointes.
    Or. — *Cat. Schellersheim*, p. 264.

Il exiſte un coin de Becker, mais avec la légende : IMP. C. MARIVS P. F. AVG.
— Voir au nᵒ 1 ᵃ.

3 ᵈ. — IMP. C. M. AVR. MARIVS AVG. ou IMP. C. MARIVS
    P. F. AVG. Buſte radié à droite.
    ℞. FELICITAS AVG. La Félicité debout à gauche, tenant
    un caducée & une corne d'abondance.
    Billon, petit bronze. — Banduri, Tanini.

Il eſt probable que la légende a été mal lue, & que c'eſt la pièce décrite ſous le nᵒ 6 :
SAEC. FELICITAS.

Nᵒ 4. — IMP. C. M. AVR. MARIVS AVG. Buſte lauré à droite.
    ℞. FIDES MILITVM. La Fidélité debout à gauche, tenant
    deux enſeignes militaires.
    Or. — Cabinet de France. — *Cat. d'Ennery*, nᵒ 391.

Mionnet & Ackerman décrivent ce type en or & en billon.

Nᵒ 5. — IMP. C. M. AVR. MARIVS P. F. AVG. Buſte lauré à
    droite.
    ℞. SAEC. FELICITAS. La Félicité debout à gauche, tenant
    un caducée & une corne d'abondance.

Or. — Cabinet de France. — Collection de M. Dupré,
puis de M. Wigan, à Londres. — Caylus, 956. —
Muſ. Wiczay Hedervar., t. II, n° 502. — *Numiſmatic
Chronicle*, new ſeries, t. V, 1865, pl. VI, n° 10.

La pièce gravée dans notre pl. XXXI, n° 5, eſt l'exemplaire de la collection de M. Dupré,
& a été trouvée près Lons-le-Saulnier (Jura).

Il exiſte un coin de Becker.

N° 6. — IMP. C. MARIVS P. F. AVG. Buſte radié à droite.

℞. SAEC. FELICITAS. Même type de la Félicité.

Billon. — Cabinet de France. — Muſée Britannique. —
Collection Welzl de Wellenheim, *Cat.* n° 13582. —
Collection Pembroke, *Numiſm. ant.*, pars III, tab. 28 &
Cat. n° 1191. — Collection de l'auteur.

Banduri ajoute la légende : IMP. C. M. AVR. MARIVS P. F. AVG. avec le même
revers & auſſi SAECVLI FELICITAS.

Dans la collection d'Arſchot (*Regum & Imperatorum Romanorum numiſmata, ſubjectis Laurentii
Begeri annotationibus*, Col. Brandenburg., 1700, in-folio), on trouve (pl. LXII, 7 & 8) une
pièce avec le buſte radié à gauche : IMP. C. M. AVR. MARIVS P. F. AVG.
℞. SAECVLI FELICITAS. Même type de la Félicité.

Mais quelle confiance peut-on avoir dans la deſcription des médailles de la collection
d'Arſchot ?

6ª. — IMP. C. MARIVS P. F. AVG. Buſte radié à droite.

℞. TEMPORVM FELICITAS. La Félicité debout à gauche,
tenant un caducée & une corne d'abondance.
Petit bronze. — Tanini.

6ᵇ. — IMP. C. M. AVR. MARIVS P. F. AVG. Buſte lauré à
droite.

℞. VICTORIA AVG. Victoire debout à gauche, s'appuyant
ſur un bouclier & tenant une palme.
Or. — Muſée de Berne. — Fr. L. Haller, *Cat. num. vet.
quæ exſtant in muſeo Civ. Bernenſis*, p. 316, Bern., 1829,
in-8.

N° 7. — IMP. C. M. AVR. MARIVS AVG. Buſte radié à droite.

℞. VICTORIA AVG. Victoire marchant à droite & tenant une couronne & une palme.
Billon.

N° 8. — IMP. C. M. AVR. MARIVS AVG. Même buste à droite.
℞. VICTORIA AVG. Victoire debout à gauche, tenant une couronne & une palme.
Billon & petit bronze.

N° 9. — IMP. C. M. AVR. MARIVS AVG. Buste radié à droite.
℞. VICTORIA AVG. Victoire marchant à gauche & tenant une couronne & une palme.
Billon & petit bronze. — Collections de M. Ch. Robert & de l'auteur.

N° 10. — IMP. C. MARIVS P. F. AVG. Buste radié à droite.
℞. VICTORIA AVG. Victoire debout à gauche, s'appuyant sur un bouclier & tenant une palme.
Petit bronze. — Cabinet de France.

N° 11. — IMP. C. M. AVR. MARIVS AVG. Buste radié à droite.
℞. VIRTVS AVG. Mars casqué debout à gauche, s'appuyant sur un bouclier & tenant la haste.
Billon. — Cabinet de France & autres collections.

TÉTRICVS PÈRE

(268-273 *après* J.-C.)

N° 1. — IMP. TETRICVS AVG. Bufte lauré à gauche, à mi-corps,
avec un manteau impérial richement brodé, tenant une
branche de laurier & un fceptre furmonté d'un aigle.
Médaillon d'or formé d'une feuille bracléate, enchâffé
dans une bordure découpée munie de deux bélières. —
Autrefois du Cabinet de France, fupplément à l'inventaire
de 1685 (1).

Ce médaillon unique, difparu à la fuite du vol commis au Cabinet des médailles, en
1831, a été publié par Claude de Boze, dans les *Mémoires de l'Académie des infcriptions &*
belles-lettres, tome XXVI, p. 504.

1ᵃ. — ..... TETRICVS P. F. AV. Bufte radié à droite.
℞. IMP. C. TETRICVS. P. F. AVG. Le même bufte,
mais plus petit, radié à droite.
Petit bronze. — Colleçtion Goffellin, *Cat.* n° 1209, maintenant dans celle de l'auteur. — *Cat. d'Ennery*, n° 4420.

N° 2. — ..... AVG. Bufte radié à droite.
℞. Même légende rétrograde & bufte radié incus à gauche.
Petit bronze.

2ᵃ. — IMP. C. TETRICVS P. F. AVG. Bufte radié à droite.
℞. Sans type.
Petit bronze. — Colleçtion de M. Oppermann.

(1) Nummus fingularis, averfa parte carens, &   cum duobus annulis ad nummi fufpenfionem.
inclufus pixide aurea quam ambit circulus radiatus   (*Note de l'inventaire.*)

N° 3. — IMP. TETRICVS P. F. AVG. Bufte radié à droite.
 ℞. ...NDANTIA (*Abundantia*). Præfericulum.
 Billon. — Cabinet de France. — Cabinet de Vienne. —
 Colleƈtion de M. Oppermann.

Eckhel (*D. N̄.* t. VII, p. 456 & *Sylloge num. vet. anecdot.* p. 107), ainfi que M. Cohen (*Impériales*, tom. V, p. 176, n° 43), décrivent ce type au revers de la tête laurée de Tétricus.

 3ᵃ. — IMP. C. TETRICVS P. F. AVG. Bufte radié à droite.
 ℞. ABVNDANTIA AVG. L'Abondance debout à gauche,
  tenant des épis & une corne d'abondance; à fes pieds, le
  modius.
  Petit bronze. — Académie des fciences à Turin, *Mufée
  Lavy*, n° 4047. — *Muf. Wicẓay Hedervar.*, t. II, n° 2928.

Banduri décrit le type de l'Abondance en difant que la déeffe tient des deux mains la corne d'abondance d'où fe répandent toutes fortes de richeffes.

N° 4. — IMP. C. TETRICVS P. F. AVG. Bufte lauré à droite.
 ℞. ADVENTVS AVG. L'empereur à cheval à gauche, la
  main droite levée & tenant de la gauche un fceptre.
  Or entouré d'un cercle. — Cabinet de France. — Caylus,
  959.

N° 5. — IMP. TETRICVS P. F. AVG. Bufte radié à droite.
 ℞. ADVENTVS AVGG. L'empereur à cheval à gauche, la
  main droite étendue & tenant dans la gauche peut-être
  un fceptre.
  Petit bronze. — Colleƈtion de l'auteur.

N° 6. — IMP. C. TETRICVS P. F. AVG. Bufte lauré à droite.
 ℞. AEQVITAS AVG. L'Équité debout à gauche, tenant
  des balances & une corne d'abondance.
  Or. — Cabinet de France. — Colleƈtion de M. le duc
  de Blacas.

N° 7. — IMP. TETRICVS AVG. Tête radiée à droite.

℞. EQ.... L'Équité debout à gauche, tenant des balances.
Petit bronze, quinaire.

7ª. — C. TETRICVS P. .... Bufte radié à droite.

℞. Λ... QVITA... L'Équité debout à gauche, tenant des
balances & une corne d'abondance.
Petit bronze, quinaire.

Banduri décrit le type de l'Équité au revers du bufte radié : IMP. C. C. P. ES.
TETRICVS P. F. ΛVG.

7ʰ. — IMP. C. TETRICVS P. F. AVG. Bufte radié à droite.

℞. AETERNIT. AVG. Le Soleil, la tête radiée, marchant
à gauche.
Petit bronze. — Académie des fciences à Turin, *Mufée
Lavy*, n° 4048.

La légende du revers a été mal copiée ; on doit lire : ORIENS AVG. — Voir n° 61.

N° 8. — .... P. TETRICVS P. F. AVG. Bufte radié à droite.

℞. ... OLLINI CO.... (*Apollini Comiti*), Centaure armé
de l'arc à droite. A l'exergue, Z.
Petit bronze. — Collections de M. Achille Hoart & de
l'auteur.

N° 9. — IMP. ΛRP.. (*sic*). AVG. Tête radiée à droite.

℞. APOLLIИ. COM. Centaure à gauche.
Petit bronze. — Collection de M. Oppermann.

N° 10. — ... TETRICVS A... Tête radiée à droite.

℞. ... VG. Centaure armé de l'arc à droite.
Petit bronze. — Cabinet de Berlin.

10ª. — IMP. TETRICVS P. F. AVG. Bufte radié à droite.

℞. CARITAS AVGG. L'Affection debout à gauche, la main
droite levée & étendue ; près d'elle, un autel.
Petit bronze. — Collection de M. Jofeph Roman.

N° 11. — IMP. C. TETRICVS P. F. AVG. Bufte radié à droite.

℞. COMES AVG. Victoire debout à gauche, tenant une couronne & une palme.

Petit bronze.

Vaillant, Banduri, d'après Mezzabarba, & Mionnet, décrivent ce type en or, mais fans indiquer fi la tête eft laurée ou radiée.

11ᵃ. — IMP. TETRICVS PIVS AVG. Bufte lauré à droite.

℞. COMES AVG. Même type de la Victoire.

Argent. — Collection Goffellin, *Cat.* n° 1206, maintenant dans celle de l'auteur. — Baron Marchant, *Lettres fur la numifmatique & l'hiftoire*, lettre xxvi, pl. xxv, n° 11, éd. Leleux, Paris, 1851, in-8.

11ᵇ. — IMP. C. TETRICVS P. F. AVG. Bufte radié à droite.

℞. COM... VG. N. (*Comes Aug. N.*). Même type de la Victoire.

Petit bronze. — Collection de M. Oppermann.

Banduri ajoute la légende : COMITI AVG. Type de la Victoire.

N° 12. — IMP. TETRICVS AVG. Bufte radié à droite.

℞. COMIT. AVG. Mars cafqué debout à gauche, tenant une fleur ou un rameau, & s'appuyant fur la hafte.

Petit bronze. — Cabinet de France & autres collections.

N° 13. — ..... C. C. P. ESV. TETRICVS P. F. AVG. Bufte radié à droite.

℞. CONCORDIA AVG. La Concorde debout à gauche, tenant une patère & une corne d'abondance.

Billon. — Cabinet de Vienne. — Cabinet de Genève. — Collection de M. Oppermann.

N° 14. — IMP. TETRICVS P. F. AVG. Bufte radié à droite.

℞. CONCORDIA AVGG. Les deux empereurs, Tétricus le père & Tétricus le fils, foutenant fur leurs mains étendues une petite figure de la Victoire, au-deffus d'un autel; Tétricus le fils tient de plus la hafte.

Petit bronze. — Collections de M. de la Fontaine & de l'auteur.

14ª. — IMP. C. TETRICVS P. F. AVG. Buſte radié à droite.

℞. CONCORDIA AVGG. Deux mains jointes.

Or. — Banduri, d'après Mezzabarba.

Nº 15. — ....MP. C. TETRICVS I.... Tête radiée à droite.

℞. CONSECRATIO. Aigle de face, les ailes éployées, la tête tournée à gauche.

Petit bronze. — Collections de M. Oppermann & de Mˡˡᵉ Rolin, à Nancy. — *Revue numiſm.*, 1837, p. 144.

Nº 16. — IMP. TETRICVS. Tête radiée à droite.

℞. CONSECR..... Aigle de face, les ailes éployées, la tête tournée à droite.

Petit bronze. — Collection de M. de la Fontaine.

Nº 17. — ... C. TETRIC... Tête radiée à droite.

℞. TICONSA... (*sic*). Aigle de face, les ailes éployées, là tête tournée à droite.

Petit bronze. — Collection de M. Oppermann.

Banduri, d'après Mezzabarba, décrit le type de l'aigle avec la légende : CONSECRATIO en or.

Nº 18. — .... VG. Tête radiée à droite.

℞. CONSECR.... Autel allumé.

Petit bronze. — Collection de M. Guioth, à Bruxelles.

Nº 19. — IMP. C. TETRI..... Tête radiée à droite.

℞. CONISECRΛ... (*sic*). Autel allumé.

Petit bronze. — Muſée Britannique.

Nº 20. — Légende barbare & illiſible. Tête radiée à droite.

℞. ..AƆΛƧVII... Autel.

Petit bronze. — Chez M. Charvet.

Nº 21. — ... AVG. Tête radiée à droite.

℞. COИSEC..... Præfericulum.

Petit bronze. — Collection de M. Achille Hoart.

N° 22. — IMP. C. TETRICVS P. F. AVG. Buste radié à droite.

℞. CONSACRATIO *(sic)*. Femme debout à gauche, appuyée
fur un fceptre & facrifiant fur un autel.

Petit bronze. — Collection de feu M. André Jeuffrain.
à Tours. — *Cat. d'Ennery*, n° 4423.

Ce type, avec la légende CONSECRATIO, fe trouve fur des médailles de grand
bronze, au revers de Septime Sevère (Cohen, *Impériales*, t. III, p. 295, note), & de
Caracalla, & avec la légende CONSACRATIO, fur un petit bronze de Claude le Gothique.
— Je dois cette communication à M. Jofeph Roman. — Dans le *Catalogue d'Ennery*, n° 4423,
le type du revers eft décrit de la manière fuivante : Femme debout, tenant un fceptre de la
main droite & une hafte de la gauche; à fes pieds un autel. — Cf. le même type au revers
de Tétricus fils, pl. XLV, n° 9.

N° 23. — TETTIVTICV... CIC. *(sic)*. Tête radiée à droite.

℞. ... TI (pour *Confecratio*). Bucher.

Petit bronze. — Collection de M. Achille Hoart.

N° 24. — IMP. TE.... A... Tête radiée à droite.

℞. .... TIO (pour *Confecratio*). Bucher.

Petit bronze. — Collection de M. Oppermann.

24ᵃ. — IMP. C. TETRICVS P. F. Buste radié à droite.

℞. COS. III. Femme debout à gauche, tenant un globe;
près d'elle un fceptre.

Petit bronze. — Collection de l'auteur.

N° 25. — IMP. TE..... Tête radiée à droite.

℞. IS .... Ǝꓷ (*Deæ Segetiæ*). La déeffe Segetia avec un nimbe
autour de la tête, debout & de face, les bras élevés, dans
un temple tétraftyle.

Petit bronze. — Collection de M. Ch. Robert.

Ce revers eft connu par les médailles de Salonine. Cohen, *Impériales*, t. IV, p. 466,
n°ˢ 26 & 27.

N° 26. — IIINEdCVDVS DE ΛVG. (*sic*). Tête radiée à droite.

℞. DIVO AVG. Femme debout, la tête tournée à droite,
tenant de la main droite une fleur & de la gauche s'appuyant
fur une ancre. A fes pieds un autel, furmonté d'une efpèce
de croix.
Petit bronze. — Collection de M. Oppermann.

26ª. — IMP. C. TETRICVS AVG. Bufte radié à droite.

℞. FELICITAS AVG. La Félicité debout, tenant un caducée
& une corne d'abondance.
Petit bronze. — Banduri.

N° 27. — IMP. TETRICVS P. F. AVG. Tête laurée à droite.

℞. FELICITAS PVBLICA. La Félicité debout, les jambes
croifées, tournée à gauche & appuyée du bras gauche fur
une colonne; dans la main droite le caducée.
Or. — Cabinet de France. — *Muf. Wiczay Hedervar.*,
t. II, n° 506.

Dans le fupplément à l'inventaire du Cabinet de France de 1685, on lit au droit :
IMP. C. TETRICVS P. F. AVG. & dans l'inventaire ms. de la collection du duc
d'Orléans, 1738 : IMP. TETRICVS PIVS AVG. — La pièce gravée fous le nᵘ 27 eft
décrite dans l'inventaire de 1772 & vient de la collection Pellerin.

27ª. — .... C. TETRICVS P. F. AVG. Bufte radié à droite.

℞. FIDES EXE... (*Fides Exercitus*). La Fidélité debout à
gauche, tenant deux enfeignes militaires.
Petit bronze. — Collection de M. Billard, maintenant
dans celle de l'auteur.

N° 28. — IMP. C. TETRICVS P. F. AVG. Tête laurée à droite.

℞. FIDES MILITVM. La Fidélité debout à gauche, tenant
deux enfeignes militaires.
Petit bronze. — Collection de M. Oppermann.

N° 29. — IMP. TETR..... Bufte radié à droite.

℞. FIDES MILIT.... Même type.
Petit bronze.

N° 30. — IMP. TETRICVS P. F. AVG. Buſte radié à droite.
℞. FIDES MILITVM. Même type.
Petit bronze.

N° 31. — IMP. C. TETRICVS P. F. AVG. Buſte radié à droite.
℞. FIDES MILITVM. Même type.
Petit bronze.

31ᵃ — IMP. TETRICVS AVG. Buſte radié à droite.
℞. FIDES MILITVM. Même type varié.
Petit bronze. — Cabinet de Copenhague. — Ramus,
Cat. num., vet. muſei regis Daniæ, n° 2. — Collection de
l'auteur.

N° 32. — IMP. C. TETRICVS P. F. AV... Buſte radié à droite.
℞. FIDES MILITVM. Même type.
Petit bronze, quinaire.

Banduri donne auſſi la légende : IMP. C. C. P. ES.... IVS TETRICVS AVG.
Type de la Fidélité.

N° 33. — IMP. C. TETRICVS P. F. AVG. Buſte radié à droite.
℞. FORTVNA AVG. La Fortune debout à gauche, tenant
une corne d'abondance; devant elle un autel.
Petit bronze. — Collection de M. Achille Hoart.

N° 34. — IMP. TE.... Tête radiée à droite.
℞. ... V. AVG. (*Fortuna Aug.*). La Fortune aſſiſe ſur une
roue à droite; devant elle un autel.
Petit bronze, quinaire. — *Revue numiſmatique*, 1857, p. 7.

N° 35. — IMP. ... Tête radiée à droite.
℞. .. A... La Fortune aſſiſe ſur une roue à gauche.
Petit bronze, quinaire. — Collection de M. Ch. Robert.

35ᵃ. — IMP. C. TETRIC... Tête radiée à droite.

℞. .... IVS AVG. (*Genius Aug.*). Le Génie de l'empereur
debout à gauche, la tête tourrelée, tenant une patère &
une corne d'abondance.
Petit bronze. — Cabinet de Vienne.

35 ᵇ. — ... TETRICVS P. F. AVG. Tête radiée à droite.
℞. ... IVS AVG. (*Genius Aug.*). Même type du Génie de
l'empereur.
Petit bronze. — Cabinet de Vienne.

35 ᶜ. — ... V. ES. TETRICVS D. CA... (*sic*). Tête radiée à
droite.
℞. GEИIVS L... (*Genius Lugduni?*). Génie coiffé du modius
debout à gauche, tenant une patère & une corne d'abondance.
Petit bronze. — *Mus. Wicҳay Hedervar.*, t. II, n° 2932,
tab. IV, n° 40.

35 ᵈ. — IMP. TETRICVS AVG. Buſte radié à droite.
℞. HILARITAS. L'Allégreſſe debout à gauche, tenant une
couronne & s'appuyant ſur un ſceptre.
Petit bronze. — Banduri. — Cabinet de Copenhague. —
Ramus, *Cat. num., vet. muſei regis Daniæ*, nᵒˢ 6 & 7.

Nᵒ 36. — IMP. C. TETRICVS P. F. AVG. Tête laurée à droite.
℞. HILARITAS AVGG. L'Allégreſſe debout à gauche,
tenant une longue palme & une corne d'abondance ; de
chaque côté un enfant.
Or. — Collection de M. le duc de Blacas. — Autrefois
du Cabinet de France, inventaire de 1788. — *Cat. d'Ennery*, n° 396.

Nᵒ 37. — IMP. C. TETRICVS P. F. AVG. Buſte lauré à droite.
℞. HILARITAS. AVGG. Même type de l'Allégreſſe, accom-
pagnée de deux enfants.
Petit bronze. — Muſée de Rouen.

Nº 38. — IMP. TETRICVS P. F. AVG. Buſte radié à droite.

℞. HILARITAS AVGG. L'Allégreſſe debout à gauche, tenant une palme courte & une corne d'abondance.
Billon & petit bronze.

Nº 39. — HILA. TETRICVS P. F. AVG. Tête radiée à droite.

℞. HILARI... CVS P. F. AVG. Le même type, avec ſurfrappe.
Petit bronze. — Collection de l'auteur.

Nº 40. — IMP. TETRICVS P. F. AVG. Buſte radié à droite.

℞. HILARITAS AVGG. L'Allégreſſe debout à gauche, appuyée ſur une ancre & ſacrifiant ſur un autel.
Petit bronze.

Nº 41. — IMP. TET... AVG. Tête radiée à droite.

℞. ƆƆIIIIPII (*sic* pour *Hilaritas Augg.*). L'Allégreſſe debout à droite, tenant une corne d'abondance & une palme.
Petit bronze. — Collection de M. Oppermann.

41 ᵃ. — IMP. TETRICVS P. F. AVG. Buſte radié à droite.

℞. HILARITAS AVGG. L'Allégreſſe debout à gauche, tenant une longue palme & une corne d'abondance.
Médaillon de bronze. — Tanini, p. 153, de ſa collection. — Collection Welzl de Wellenheim, *Cat.* nº 13589.

41 ᵇ. — IMP. TETRICVS ..... Buſte radié à droite.

℞. HILARITAS AVG. Même type. A côté de l'Allégreſſe un enfant nu debout, tendant la main.
Petit bronze. — Tanini, p. 153, de ſa collection.

41 ᶜ. — IMP. C. TETRICVS P. F. AVG. Buſte radié à droite.

℞. HILARITAS AVG. Vaſes & inſtruments de ſacrifice.
Petit bronze. — Banduri & Mionnet.

Nº 42. — IMP. C. TETRICVS P. C... Tête radiée à droite.

℞. VΛV... AVG. (*Invičto Aug.*). Le Soleil, la tête radiée,
marchant à gauche & tenant un fouet.
Petit bronze. — Collection de M. Oppermann.

42ᵃ. — IMP. C. TETRICVS PIV. ΛG. Buste radié à droite.
℞. VHTVS ΛVP. (*Invičtus Aug.*). Le Soleil, la tête radiée,
marchant à gauche & tenant un fouet. Dans le champ, P.
Petit bronze. — Collection de M. Oppermann.

42ᵇ. — ...... TETRICVS P. F. AVG. Buste radié à droite.
℞. INVICTVS. Le Soleil, la tête radiée, marchant à gauche
& tenant un fouet. Dans le champ, une étoile.
Petit bronze. — Collection de M. Billard, maintenant
dans celle de l'auteur. — Tanini, p. 152.

Nº 43. — IMP. C. TETRICVS P. F. AVG. Buste lauré à droite.
℞. IOVI CONSERVATORI. Jupiter nu debout à gauche,
avec le manteau déployé derrière lui, appuyé sur le sceptre
& tenant le foudre au-dessus de la tête de l'empereur
debout devant lui & enveloppé dans sa toge.
Or. — Collection de M. Dupré, maintenant au Cabinet
de France.

Cette pièce a été trouvée à Mayence.

43ᵃ. — .... PIV. E.... TETRICVS. Tête radiée à droite.
℞. IOVI CONS. Chèvre marchant à droite.
Petit bronze. — Tanini, p. 153, de sa collection.

C'est une pièce semblable à celles qui sont gravées pl. XLI, nᵒˢ 181 & suiv.

43ᵇ. — IMP. C. TETRICVS P. F. AVG. Buste lauré à droite.
℞. IOVI PROPVGNAT. Jupiter debout à gauche, tenant
le foudre & le sceptre; à ses pieds, l'aigle.
Or (?). — Collection d'Arschot, *Regum & Imperatorum
Romanorum numismata, subjectis Laurentii Begeri annotatio-
nibus*, Col. Brandenburg., 1700, in-folio, pl. LXII, 12.

Médaille douteuse & suspecte.

Nº 44. — ..MP. C. TETRICVS P. F. A..... Tête radiée à droite.

℞. IOVI STATORI. Jupiter debout à gauche, la tête tournée à droite, tenant le fceptre & le foudre.
Petit bronze. — Collection de M. Achille Hoart.

Nº 45. — IIVIVI (*sic*). Tête radiée à droite.

℞. XƎ ... TV... Jupiter marchant à gauche, détournant la tête à droite & tenant le foudre pour le lancer.
Petit bronze, quinaire.

45ᵃ. — IMP. TETRICVS PIVS AVG. Tête laurée à droite.

℞. IOVI VICTORI. Jupiter affis à gauche, tenant de la main droite la Victoire & de la gauche la hafte.
Or. — Autrefois du Cabinet de France, inventaire de 1788.
— Collection Campana. — *Cat. d'Ennery*, nº 397.

45ᵇ. — La même médaille.
Petit bronze. — *Cat. d'Ennery*, nº 4425.

Nº 46. — IMP. TETRICVS PIVS. AVG. Bufte lauré à droite.

℞. LAETITIA AVG. N. La Joie debout à gauche, tenant une couronne & une ancre.
Or. — Cabinet de France. — Caylus, 957.

Nº 47. — IMP. TETRICVS P. F. AVG. Bufte radié à droite.

℞. LAETITIA AVG. N. La Joie debout à gauche, tenant une couronne & un fceptre.
Petit bronze. — Cabinet de France. — Mufée Britannique. — Collection de M. Oppermann.

47ᵃ. — Même légende, même bufte à droite.

℞. LAETITIA AVG. N. La Joie debout à gauche, tenant une ancre & une couronne.
Petit bronze. — Collection de M. Billard, maintenant dans celle de l'auteur.

N° 48. — Même légende, même bufte à droite.

> ℞. LAETITIA AVGG. La Joie debout à gauche, tenant une couronne & un fceptre.
>
> Petit bronze.

N° 49. — ƆVA.Ⅎ.Ꟁ … IIƎT.Ɔ..ꟼMI. Bufte radié à gauche.

> ℞. LAETITIA AVGG. Même type.
>
> Petit bronze. — Collection de M. Achille Hoart.

49ª. — …CVS P. F. AV.. Bufte radié à droite.

> ℞. LAETIT. AVG. La Joie debout à gauche, tenant une ancre & une couronne.
>
> Petit bronze.

49ᵇ. — IMP. TETRICVS P. F. AVG. Bufte radié à droite.

> ℞. LAETITIA AVGG. La Joie debout, répandant, à ce qu'il paraît, le contenu d'une corne d'abondance dans un vafe placé à fes pieds.
>
> Petit bronze. — Cabinet de Copenhague. — Ramus, *Cat. num. vet. mufei regis Daniæ*, n° 8.

N° 50. — IMP. TETRICVS. Tête radiée à droite.

> ℞. LETITIA AVG. (*sic*). La Joie debout à gauche, tenant une ancre & facrifiant fur un autel, près duquel on voit un ferpent.
>
> Petit bronze. — Cabinet de France & autres collections.

50ª. — IMP. C TETRICVS P. F.... Tête radiée à droite.

> ℞. LETITIA AVGVSTI (*sic*). La Joie debout à gauche, tenant une ancre & une patère.
>
> Petit bronze. — Collection de M. Billard, maintenant dans celle de l'auteur.

Le type de *Lætitia*, la Joie, eft fréquent dans la numifmatique de Tétricus; il en exifte de nombreufes variétés qu'il eft impoffible d'indiquer. Ces variétés confiftent dans de légères différences foit par rapport aux attributs, foit par rapport aux légendes.

50 b. — IMP. TETRICVS P. F. AVG. Tête radiée à droite.
℞. LIBERALITAS AVGG. La Libéralité debout à gauche, tenant une teſſère & une corne d'abondance.
Petit bronze. — Tanini, p. 153, de ſa collection.

50 c. — IMP. TETRICVS P. F. AVG. Tête radiée à droite.
℞. LIBERALITAS AVGG. La Libéralité debout à gauche, tenant un rameau & une corne d'abondance.
Petit bronze. — Collection de M. Ch. Robert.

Nº 51. — IMP. C. TETRICVS P. F. AVG. Tête radiée à droite.
℞. MARS VICTOR. Mars caſqué marchant à droite, portant un trophée ſur l'épaule & tenant la haſte de la main droite.
Billon. — Cabinet de France. — Cabinet de Vienne. — Cabinet de Genève. — Collection de l'auteur.

Nº 52. — IMP...... P. F. AVG. Buſte radié à droite.
℞. MARS VIC... Même type.
Petit bronze. — Cabinet de France.

Dans la trouvaille de Verulam, en Angleterre, on décrit une monnaie de petit bronze avec la légende MARS VLTOR ? *Numiſmatic Chronicle*, t. XX, p. 124.

Nº 53. — IMP. TR...... ICVS A... Buſte radié à droite.
℞. MAR... AV...... (*Mars Aug.*). Mars caſqué debout à gauche, tenant une couronne & appuyé ſur la haſte.
Petit bronze, quinaire. — Collection de M. Oppermann.

Nº 54. — IMII.. F. AVG. Buſte radié à droite.
℞. ... E... G... Mars nu caſqué marchant à gauche, portant un trophée ſur l'épaule & tenant de la main gauche la haſte.
Petit bronze. — Collection de M. Guioth, à Bruxelles.

54 a. — IMP... TETRICVS P. F. AVG. Buſte radié à droite.
℞. ...... S AVG. (*Mars Aug.*). Mars nu marchant à droite,

portant un trophée fur l'épaule & tenant de la main droite la hafte.

Petit bronze. — Collection de M. Billard, maintenant dans celle de l'auteur.

N° 55. — IMP. TITRICVS (*sic*) P... Tête radiée à droite.

℞. MARTIS. Vafe à deux anfes.

Petit bronze. — Collection de M. Oppermann.

N° 56. — IMP. C. TETRICVS P. F. AVG. Tête radiée à droite.

℞. MO... A (*Moneta*) AVG. La Monnaie debout à gauche, tenant des balances & une corne d'abondance.

Petit bronze. — Cabinet de France.

56ᵃ. — Même légende, même tête.

℞. NEPTVNO CONS. AVG. Hippocampe à droite.

Petit bronze. — Banduri, Mionnet.

N° 57. — IMP. TETRICVS P. F. AVG. Tête laurée à droite.

℞. NOBILITAS AVGG. La Nobleffe debout à droite, tenant un fceptre & un globe.

Or. — Autrefois du Cabinet de France, inventaire de 1772.

N° 58. — ..MP. C. TETRIC... AVG. Tête radiée à droite.

℞. ..OBILITAS AVGG. Même type.

Petit bronze. — Collection de l'auteur.

N° 59. — IM. C. IEIRICO (*sic*) AVG. Bufte radié à droite.

℞. NOBIⅬIAƧ ∧IGG (*Nobilitas Augg.*). La Nobleffe debout à gauche, tenant un fceptre.

Petit bronze. — Collection de M. de la Fontaine.

N° 60. — ... TETRICVS A.... Bufte radié à droite.

℞. ... IE... VGG (*Oriens Augg.*). Le Soleil, la tête radiée, marchant à gauche, la main droite levée & tenant de la gauche un fouet.

Petit bronze. — Collection de M. Achille Hoart.

N° 61. — ..... P. F. AV.. Tête radiée à droite.

    ℞. ORIEИ.. ΛVG. Même type du Soleil; dans le champ, une étoile en forme de croix.

    Petit bronze. — Collections de M. Achille Hoart, & de M. Oppermann (1).

  61ᵃ. — ƆLΩVICIDVΛIG. (*sic*). Buste radié à droite.

    ℞. .. I.. Même type du Soleil.

    Petit bronze.

  61ᵇ. — .. C. TETRICVS P. F. AVG. Tête radiée à droite.

    ℞. ORIENS AVG. Le Soleil, la tête radiée, marchant à droite, la main gauche levée & tenant dans la droite un fouet.

    Petit bronze. — Collection de M. Joseph Roman, à Paris.

N° 62. — IMP. C. TETRICVS P. F. A. Tête radiée à droite.

    ℞. ... T.. R ORBIS (*Pacator orbis*). Le Soleil, la tête radiée, marchant à gauche, la main droite levée & tenant un fouet de la gauche. Dans le champ, une étoile.

    Petit bronze. — Collection de M. Oppermann.

N° 63. — IMP. C. TETRICVS P. F. AVG. Buste lauré à droite.

    ℞. PAX AETERNA. La Paix debout à gauche, tenant un sceptre & une branche d'olivier.

    Or. — Institut royal des Pays-Bas.

N° 64. — IMP. TETRICVS PIVS AVG. Buste lauré à droite.

    ℞. PAX AETERNA. Même type de la Paix.

    Or. — Autrefois du Cabinet de France, de la succession de M. de Clèves, inventaire de 1762. — *Cat. d'Ennery*, n° 400.

Il existe un coin de Becker.

---

(1) La pièce du *Musée Lavy*, à Turin, n° 4048, décrite comme portant la légende : AETERNIT. AVG. (Cohen, *Impériales*, t. v, p. 170, n° 45) porte, en réalité, la légende très-mutilée : ORIENS AVG.

Nº 65. — IMP. TETRICVS AVG. Bufte lauré à gauche, avec la hafte & le bouclier fur lequel font repréfentés deux combattants.

℞. PAX AETERNA. Même type de la Paix.
Or. — Collection de M. Ponton d'Amécourt.

65ᵃ. — IMP. C. TETRICVS PIVS AVG. Bufte lauré à droite.

℞. PAX AETERNA. Même type de la Paix.
Billon & petit bronze. — Collection Goffellin, *Cat.* nº 1207, maintenant dans celle de l'auteur. — *Cat. d'Ennery*, nº 2012.

Nº 66. — IMP. C. TETRICVS P. F. AVG. Bufte radié à droite.

℞. PAX AVG. Même type de la Paix.
Petit bronze.

Nº 67. — IMP. TETRICVS AVG. Bufte radié à droite.

℞. PAX AVG. La Paix debout à gauche, tenant une fleur & un fceptre tranfverfal.
Petit bronze.

Nº 68. — IMP. TETRICVS AG (*sic*). Bufte radié à droite.

℞. ƆVΛ XΛꟼ. La Paix debout à gauche, la main droite levée, tenant dans la gauche une 'fleur ou une branche d'olivier & un fceptre.
Petit bronze. — Collection de M. Achille Hoart.

Nº 69. — .... MƆCIꞀ ƆVG. Tête radiée à droite.

℞. ..... ΛVG. La Paix debout à gauche, tenant une fleur & un fceptre.
Petit bronze. — Collection de M. Vifcher, à Bâle.

Nº 70. — ... RICVS P. F. Tête radiée à droite.

℞. PAX AVG. La Paix debout à gauche, tenant une longue branche d'olivier, un fceptre & une fleur.
Petit bronze. — Collection de M. Oppermann.

Nº 71. — IMP. TETRICVS P. F. AVG. Tête radiée à droite.

℞. PAX AVG. La Paix debout à gauche, tenant une longue branche d'olivier & une corne d'abondance.

Petit bronze. — Collection de M. Achille Hoart.

Nº 72 — IP. C. TETRICVS J...... Tête radiée à droite.

℞. PAX AVGG. La Paix ou Hygie debout à gauche, tenant une patère & un fceptre. Un ferpent s'élance vers fon bras droit.

Petit bronze. — Collection de M. Oppermann.

Nº 73. — IMP. PV.... A... Tête radiée à droite.

℞. ᗡVX AG (*sic*). Hygie debout à gauche, tenant un ferpent.

Petit bronze. — Collection de M. Achille Hoart.

Nº 74. — IMP. TETRICVS... Tête radiée à droite.

℞. PAX GVG. (*sic*). Hygie debout à gauche, tenant une ancre & facrifiant fur un autel, près duquel eft un ferpent.

Petit bronze. — Cabinet de la Haye.

Nº 75. — IIIΛIƆC. TƎTPIƆVS Λ ΛVG. Tête radiée à droite.

℞. ƆSVX PΛV. Hygie debout à gauche, tenant une ancre & peut-être une patère.

Petit bronze. — Mufée de Saintes (Charente-Inférieure).

Nº 76. — .... TETRICVS ... Tête radiée à droite.

℞. PAX AVG. La Paix debout à gauche, la main droite levée & tenant de la gauche une hafte. Dans le champ, une étoile.

Petit bronze.

Nº 77. — IMP. C. C. P. ESV. TRICVS (*sic*) P. A. Bufte radié à droite.

℞. P... AVG. La Paix debout à gauche, la main droite levée & tenant dans la gauche un fceptre. Dans le champ, V & une étoile.

Petit bronze. — Collection de feu M. André Jeuffrain, à Tours.

N° 78. — I.. TETRICVS P. F. AV.. Buſte radié à droite.

℞. PAX..... La Paix debout à gauche, tenant une branche d'olivier & un ſceptre.
Petit bronze.

N° 79. — IMP. C. TETRICVS P. F. AVG. Buſte radié à droite.

℞. I... X... GG. La Paix debout à gauche devant un autel, tenant une fleur & un ſceptre.
Petit bronze.

N° 80. — Même légende, même buſte.

℞. PAX AVGG. La Paix debout à gauche, tenant une fleur & un ſceptre.
Billon. — Cabinet de Madrid.

N° 81. — IMP. TETRICVS P. Γ. ƆIA (*sic*). Tête radiée à droite.

℞. PAX AVG. La Paix debout à gauche, tenant une longue branche & une ancre ou peut-être un javelot, la pointe en bas.
Petit bronze.

N° 82. — IMP. TETRICVS AVG. Tête radiée à droite.

℞. PΛΛX (*sic*) AVG. La Paix debout à gauche, tenant une couronne & un gouvernail.
Petit bronze.

N° 83. — Même légende, même tête.

℞... AX AVG. La Paix debout à gauche, avec les attributs de la Monnaie ou de l'Équité, les balances & la corne d'abondance.
Petit bronze. — Collection de M. Achille Hoart.

N° 84. — IMP. TETRICVS P. F. AVG. Buſte radié à droite.

℞. PAX. La Paix marchant à gauche, tenant une fleur & relevant ſa tunique, comme l'Eſpérance.
Petit bronze. — Collection de M. Oppermann.

N° 85. — IM..... ICVS P. F. AVG. Tête radiée à droite.

     ℞. ƆꙄꟼ. La Paix debout à gauche, levant la main droite & s'approchant d'un autel placé devant elle.

     Petit bronze. — Musée de Saintes.

N° 86. — IETRICVVꙬV (*sic*). Tête radiée à droite.

     ℞. AƆA. La Paix debout à droite, les deux bras écartés & tenant un sceptre & une branche d'olivier.

     Petit bronze.

N° 87. — IMP. ILIRICVS P.... (*sic*). Buste radié à droite.

     ℞. PAX ΛVG. La Paix debout sous la forme de la Victoire ailée, à gauche, tenant une couronne & une palme.

     Petit bronze. — Collection de M. Oppermann.

N° 88. — IMP. TEIRICVS VG. Buste radié à droite.

     ℞. XAꟼ. T. La Paix debout à droite, tenant un sceptre & une couronne. Dans le champ, A.

     Petit bronze. — Cabinet de France.

88ᵃ. — IMP. C. C. P.... TRICVS AV.. TƎT. ꟼ. Ɔ. Ɔ. ꟼMI. Quatre têtes radiées frappées sur le même flan.

     ℞. PAX. PAX..VG. Quatre types de la Paix debout à gauche, tenant une palme & une patère frappées sur le même flan.

     Bronze. — Gaspar de Pfau, pl. XIII, n° 9 (1).

N° 89. — ..... ICVS PIV.. Buste radié à droite.

     ℞. PAX AVG. Lièvre courant à droite.

     Petit bronze. — *Revue numismatique*, 1857, p. 7.

---

(1) Je donne ici le titre exact de ce recueil, petit in-4°, dont il n'existe peut-être qu'un seul exemplaire (épreuve) qui appartient à mon ami & confrère, M. Adrien de Longpérier. Le recueil est composé d'un titre in-folio & de 23 planches in-4°, sans compter deux planches de dessins à la main placées en tête.

Index ad supplendum, locupletandum & illustran- *dum Vaillantium de nummis imperatorum romanorum, græcis inscriptionibus insignitis, adjectis eorundem iconibus juxta veram magnitudinem delineatis; nec non ex probatissimis hujus ævi auctoribus desumtis ac in ordinem alphabeticum congestis; ita ut nummi in ipsorum Archetyporum productione, statim evolvi, legi ac eo certius intelligi queant. Studio & opera nostra* Gasp. de Pfau, 1741.

N° 90. — MP. C. TETRICVS P. AVG. Buſte radié à droite.
℞. PAX AVG. Præfericulum. Dans le champ, ✳ & V.
Petit bronze. — Collection de M. Oppermann.

N° 91. — IMP. C. TETRICVS P. AVG. Tête radiée à droite.
℞. PAX AVG. Præfericulum.
Petit bronze. — Collection de M. de la Fontaine.

Le type de la Paix, qui reparaît ſur les médailles romaines impériales de toutes les époques, eſt très-fréquent dans la numiſmatique de Tétricus. J'ai donné, dans mes planches, une quantité de types variés, mais il eſt impoſſible de ſignaler & de décrire toutes les variétés que l'on rencontre.

N° 92. — IMP. C. TETRICVS P. F. AVG. Buſte radié à droite.
℞. PIETAS AVG. Vaſes & inſtruments de ſacrifice.
Petit bronze. — Collection de M. Oppermann.

N° 93. — ... ICVS P. AVG. Buſte radié à droite.
℞. PICTAS I. (sic). Vaſes & inſtruments de ſacrifice. A l'exergue, III.
Petit bronze.

N° 94. — ... MP. TETRICVS .... Tête radiée à droite.
℞. PIETAS AG. Vaſes & inſtruments de ſacrifice.
Petit bronze.

N° 95. — IMP. TETRI... P. F. Buſte radié à droite.
℞. PIETATETS (sic) AVGG. Vaſes & inſtruments de ſacrifice.
Petit bronze. — Collection de M. de la Fontaine.

N° 96. — ...M. TETRICVS P. F. AVG. Tête radiée à droite.
℞. PIE.... AVG. Vaſes & inſtruments de ſacrifice.
Petit bronze. — Cabinet de France.

N° 97. — IMP. C. TETRICVS. P. F. AVG. Buſte radié à droite.
℞. PIETAS AVGVSTO. Vaſes & inſtruments de ſacrifice.

Petit bronze. — Collection de feu M. André Jeuffrain, à Tours.

N° 98. — IT℧VƆ .... I (pour *Imp. Tetricus..* rétrograde). Buste à gauche.

℞. .... AVGVSTO. Même type des vases.
Petit bronze. — Collection de M. Oppermann.

N° 99. — IMP. TETRICVS P. F. AVG. Buste radié à droite.

℞. IECI ATRI (*sic*, pour *Pietas Aug.*). La Piété debout, la tête tournée à gauche, tenant deux enfants sur ses bras; deux autres enfants à ses pieds.
Petit bronze. — Collection de M. Oppermann.

N° 100. — IMP. TETRICVS II AVG. Buste radié à droite.

℞. PIETAS AVG. La Piété debout à gauche, mettant un grain d'encens sur un autel & tenant une boîte à encens.
Petit bronze. — Collection de feu M. André Jeuffrain, à Tours.

N° 101. — IMP. TETRICV. ℰ PI. ΛIC (*sic*). Tête radiée à droite.

℞. P. TEI. CI (*Pietas Tetrici ?*). Femme debout à gauche, tenant une longue branche & une corne d'abondance.
Petit bronze. — Cabinet de France.

N° 102. — IMP. C. TETRICVS P. F. AVG. Buste lauré à droite.

℞. P. M. TR. P. COS. P. P. L'empereur debout à gauche, vêtu de la toge, tenant une branche de laurier & un sceptre.
Or. — Musée Britannique. — Cabinet de Vienne. — Académie des Sciences à Turin, *Musée Lavy*, n° 4045. — Autrefois du Cabinet de France, inventaire de 1788. — *Cat. d'Ennery*, n° 398. — *Mus. Wiczay Hedervar.*, t. II, n° 503. — Josephus de France, *Cimelium Austr. Vindob.*,

tab. iv, n° 20. — Khell, *Ad numifm. Impp. Rom. aurea &*
argentea a Uaillantio edita Suppl., p. 200.

Il exifte trois coins de cette pièce faits par Becker, avec de légères différences ; l'un porte
au droit la légende : IMP. TETRICVS PIVS AVG.

N° 103. — .... RICVS PIV2 VV. II. Tête radiée à droite.

℞. P. M. T.... CO... I. L'empereur debout, vu de face,
la tête tournée à gauche, tenant un fceptre, vêtu de la
toge & facrifiant fur un autel.
Petit bronze. — Cabinet de France.

N° 104. — IMP. C. TETRICVS P. F. AVG. Bufte lauré à droite.

℞. P. M. TR. P. COS. P. P. L'empereur vêtu de la toge,
affis fur la chaife curule à gauche, tenant le globe & le
fceptre.
Or. — Autrefois du Cabinet de France, inventaire de
1685. — Caylus, 958.

N° 105. — IMP. C. TETRICVS P. F. AVG. Bufte lauré à droite.

℞. P. M. TR. P. II COS. P. P. L'empereur debout à
gauche, vêtu de la toge, tenant une branche de laurier
& un fceptre.
Or. — Mufée Britannique. — *Cat. d'Ennery*, n° 399. —
Mus. Wicqay Hedervar., t. II, n° 504, tab. ii, n° 18.

Il exifte un coin de Becker. Au revers, l'empereur tient un globe & un fceptre. La pièce
publiée par M. Namur, dans la *Revue numifmatique belge*, t. vi, 2ᵉ férie, pl. x, n° 1 & p. 178
& fuiv., ne me femble être qu'un coin de Becker. Je ferais difpofé à croire que l'aureus
gravé dans le Mufée d'Hedervar, cité ci-deffus, eft également un coin de Becker.

N° 106. — IMP. C. TETRICVS P. F. AVG. Bufte lauré à
droite.

℞. P. M. TR. P. II COS. P. P. L'empereur debout à
droite, revêtu de la cuiraffe & du paludamentum, tenant
une hafte & un globe.

Or. — Mufée Britannique. — Collection Pembroke, *Numifm. ant.*, pars I, tab. xxii, n° 69, *Cat.* n° 975. — Mufée Hunter à Glafgow.

N° 107. — IMP. TETRICVS PIVS AVG. Bufte lauré à droite.

℞. P. M. TR. P. III COS. P. P. La Fidélité debout à gauche, tenant une enfeigne militaire & un fceptre.
Or. — Cabinet de Vienne. — Collection de Mme Mertens Schaaffhaufen, à Bonn. — Autrefois du Cabinet de France, inventaire de 1772, du cabinet de Pellerin. — L'inventaire de 1685 indique le même type au revers du bufte lauré : IMP. C. TETRICVS P. F. AVG. — Caylus, 989.

La pièce gravée fous le n° 107 a été trouvée à Andernach, fur les bords du Rhin. Il exifte un coin de Becker, avec la légende : IMP. C. TETRICVS P. F. AVG.

107^a. — IMP. TETRICVS PIVS AVG. Bufte lauré à droite.

℞. P. M. TR. P. III COS. P. P. Même type.
Petit bronze. — Cabinet de Vienne.

N° 108. — IMP. C. TETRICVS P. F. AVG. Bufte lauré à droite.

℞. P. M. TR. P. III COS. II P. P. L'empereur lauré debout à droite, revêtu de la cuiraffe & du paludamentum, le pied gauche pofé fur un globe, tenant une hafte la pointe en bas & le parazonium.
Or. — Mufée Britannique, pièce coulée, mais évidemment moulée fur un aureus antique.

N° 109. — IMP. C. TETRICVS. P. F. AVG. Bufte radié à droite.

℞. ... S. II TR. III. (pour *Cos.* II. *Tr. P.* III?) L'empereur cafqué debout à droite, s'appuyant fur une hafte.
Petit bronze. — Collection de M. de Montigny.

N° 110. — IMP. TETRICVS AVG. Bufte radié à droite.

℞. P. .... ALLIA REST. (Probablement *P. M. Tr. P.* ...

Gallia reftituta). L'empereur revêtu de la toge debout à
droite, relevant une femme à genoux (la Gaule) qui
s'appuie fur une hafte.

Petit bronze. — Collection de M. Achille Hoart.

Poftume eft qualifié de reftaurateur des Gaules, *Reftitutor Galliarum* (n⁰ˢ 256-261ᵃ) ainfi
que Victorin (n° 76). Ici Tétricus relève la Gaule rétablie.

N° 111. — IMP. TETRICVS P. F. AVG. Bufte radié à droite.

 ℞. PRINCI.... VENT. (*Principi Juventutis*). Tétricus le
 fils debout à gauche, en habit militaire, tenant une hafte.
 Petit bronze.

N° 112. — IMP. C. TETRICVS P. AVG. Bufte radié à droite.

 ℞. PRO.... AVG. La Providence debout à gauche, tenant
 un fceptre & une corne d'abondance.
 Petit bronze. — Cabinet de France.

Banduri décrit une variété où il y a un globe aux pieds de la Providence.

N° 113. — .. C. III... Tête radiée à droite.

 ℞. PROVDNTIA (*sic* pour *Providentia*). La Providence
 debout à gauche, tenant un gouvernail & une corne
 d'abondance.
 Petit bronze. — Collection de M. Achille Hoart.

N° 114. — IMP. C. TETRICVS P. F. AVG. Bufte lauré à droite.

 ℞. ROMAE AETERNAE. Rome cafquée affife à gauche,
 tenant une Victoire & la hafte. Près du fiége, un bouclier.
 Or. — Cabinet de la Haye. — *Cat. Van Damme*, n° 581.

N° 115. — IMP. TETRICVS PIVS AVG. Bufte lauré à droite.

 ℞. SAECVLI FELICITAS. La Félicité debout à gauche,
 facrifiant auprès d'un autel allumé & tenant le caducée.
 Or. — Mufée Britannique.

N° 116. — IMP. TETRICVS P. F. AVG. Bufte radié à droite.

℟. SAEC... FELICITAS. La Félicité debout à gauche, tenant le caducée & une corne d'abondance·
Petit bronze. — Collection de feu M. André Jeuffrain, à Tours.

No 117. — ..M.... ICVS P. F. A... Buste radié à droite.

℟. ᴢAECVLI FE..... L'empereur, la tête nue, en habit militaire, marchant à droite & tenant la haste & le globe.
Petit bronze. — Collection de M. Achille Hoart.

No 118. — IMP. TETRICVS P. F. ΛVG. Buste lauré à droite.

℟. SALVS AVGG. Hygie debout à gauche, sacrifiant sur un autel & tenant un sceptre.
Or. — Cabinet de la Haye. — Collection de M. le duc de Blacas. — *Cat. Van Damme*, n° 582.

No 119. — Même légende. Buste radié à droite.

℟. SALVS AVGG. Hygie debout à gauche, sacrifiant sur un autel vers lequel s'élance un serpent & s'appuyant de la main gauche sur une ancre.
Petit bronze.

Tanini décrit un petit bronze, quinaire, portant le même type, accompagné de la légende : SAL. AVG.

No 120. — Même légende, même buste.

℟. SAL.... AG. (*sic*, pour *Salus Aug.*). Hygie debout à droite, nourrissant un serpent.
Petit bronze. — Musée de Rouen.

No 121. — IMP. C. TET.... Buste radié à droite.

℟. SALVS.... Hygie debout à gauche, la tête radiée & tenant un rameau dans chaque main.
Petit bronze. — Collection de M. Oppermann·

No 122. — ..MP. C. TETRICV C. PI. AVG. Buste radié à droite.

℞. ƆVΛ LVS Ƨ (*Salus Aug.*). Hygie debout à droite, tenant une hafte, près d'un autel vers lequel s'élance un ferpent.

Petit bronze. — Collection de M. Oppermann.

Nº 123. — IMP. TETRICVS P... Bufte radié à droite.

℞. SALVS AVG. Hygie debout à gauche, tenant une branche & une corne d'abondance.

Petit bronze. — Collection de M. Oppermann.

Nº 124. — .... CVS P... Tête radiée à droite.

℞. SΛLV... Femme debout à gauche, tenant des balances, type de la Monnaie ou de l'Équité.

Petit bronze, quinaire. — Collection de M. Oppermann.

124ª. — IMP. TETRICVS .... Bufte radié à droite.

℞. SALVS. Hygie debout à gauche, avançant la main droite vers un ferpent qui s'élance vers elle, la gauche appuyée fur une ancre.

Petit bronze.

124ᵇ. — IMP. C. TETRICVS P. F. AV. Tête radiée à droite.

℞. SΛLVS Λ... Hygie marchant à gauche & nourriffant un ferpent. Traces de furfrappe.

Petit bronze. — Collection de M. Ch. Robert.

124ᶜ. — IMP. C. TETRICVS P. AVG. Même tête à droite.

℞. SALVS AVGG. Hygie debout à gauche, tenant une ancre & une couronne.

Petit bronze. — Cabinet de France & autres collections.

Nº 125. — IMP. TETRICVS P. F. A.. Tête radiée à droite.

℞. HΛLVS (*sic* pour *Salus*) ΛVGG. Sérapis debout à gauche, la tête furmontée du modius.

Petit bronze. — Collection de M. Oppermann.

Le type de *Salus* eft reproduit fouvent fur les monnaies de Tétricus; il en exifte de nombreufes variétés.

N° 126. — IMP........ IVS A. (*Imp. C. Tetricus Pius A.*). Buſte radié à droite.

℞. SALVS EXERCITI. Eſculape debout, de face, appuyé ſur un bâton.

Moyen bronze. — Collection de l'auteur.

On pourrait croire que cette pièce eſt un Poſtume ; mais le type d'Eſculape de face ne ſe trouve pas dans les moyens bronzes de Poſtume & d'ailleurs l'effigie eſt celle de Tétricus.

N° 127. — IMP. TETRICVS PIVS AVG. Buſte lauré à droite.

℞. SPES AVGG. L'Eſpérance marchant à gauche, relevant ſa tunique & tenant une fleur.

Billon. — Cabinet de Berlin.

N° 128. — IMP. C. TETRICVS P. F. AVG. Buſte radié à droite.

℞. SPES AVGG. L'Eſpérance, comme au n° précédent.

Petit bronze, frappé ſur un flan de moyen bronze. — Collection de M. Oppermann.

N° 129. — ..MP. C. TETRICVS P. F. AV. Buſte radié à droite.

℞. .I.... SPGG. (*Spes Augg.*). L'Eſpérance debout à gauche, tenant une couronne & une ancre ; à ſes pieds, à ce qu'il paraît, un enfant.

Petit bronze. — Collection de M. Achille Hoart.

N° 130. — IMP. TETRICVS P. F. AVG. Buſte radié à droite.

℞. SPES AVGG. L'Eſpérance debout à gauche, avec des ailes, à ce qu'il paraît, comme la Victoire, tenant une fleur & une branche.

Petit bronze. — Collection de M. Achille Hoart.

N° 131. — IMP. TETRICVS P.... Buſte radié à droite.

℞. SPE.. AVG. L'Eſpérance marchant à gauche, tenant une fleur & relevant ſa tunique.

Petit bronze.

N° 132. — IMP. TETRICVS P. F. AVG. Buſte radié à droite.

℟. SPES AVG. L'Efpérance debout à gauche, tenant une couronne & s'appuyant fur un fceptre.

Petit bronze. — Collection de M. Achille Hoart.

Nº 133. — IMP. C. TETRICVS P. F. AVG. Bufte radié à droite.

℟. SPXEVS AVGG. (*Spes Augg.*). L'Efpérance, fous la forme de la Paix, debout à gauche, tenant un rameau & un fceptre.

Petit bronze. — Collection de M. Vifcher, à Bâle.

133ª. — IM. C..... AVG. Bufte radié à droite.

℟. SPES AVG. L'Efpérance debout à gauche, tenant une fleur & le bras gauche appuyé fur une colonne. Dans le champ, une étoile.

Petit bronze. — Collection de M. Oppermann.

133ᵇ. — IMP. TETRICVS P. F. AVG. Tête radiée à droite.

℟. SPEES AVG. (*sic*). L'Efpérance debout à gauche, tenant une palme & une corne d'abondance.

Petit bronze. — Collection de M. Jofeph Roman, à Paris.

Nº 134. — SPES AVGG. L'Efpérance marchant à gauche, tenant une fleur & relevant fa tunique.

℟. Même légende rétrograde, même type incus.

Petit bronze. — Cabinet de France & autres collections.

134ª. — IMP. C. TETRICVS II Λ (pour *P. F.*) AVG. Bufte radié à droite.

℟. SPES AVGG. Præfericulum.

Petit bronze. — Collection de M. Henri Poydenot, à Bayonne.

Nº 135. — IMP. C. C. P. ESV. TETRICVS AVG. Bufte lauré à droite.

℟. SPES PVBLICA. L'Efpérance marchant à gauche, tenant une fleur & relevant fa tunique.

Or. — Collection de M. le duc de Blacas. — Autrefois du Cabinet de France, inventaire de 1685. — Caylus, 960. — *Cat. d'Ennery*, n° 402.

N° 136. — IMP. TETRICVS P. F. AVG. Tête laurée à droite.

℞. SPES PVBLICA. L'Efpérance, comme au n° 135.

Or. — Mufée Britannique. — *Cat. d'Ennery*, n° 401.

N° 137. — IMP. TETRICVS PIVS. AVG. Bufte lauré à droite.

℞. SPES PVBLICA. L'Efpérance, comme aux n°ˢ précédents.

Or. — Cabinet de France.

N° 138. — IMP. TETRICVS AVG. Bufte lauré à gauche, avec le bouclier & la hafte.

℞. SPES PVBLICA. L'Efpérance, comme aux n°ˢ précédents.

Or. — Collection de M. Dupré, puis de M. Wigan, à Londres. — *Numifmatic Chronicle*, new feries, t. V, 1865, pl. VI, n° 11.

N° 139. — IMP. C. C. P. ESVVIVS TETRICVS AVG. Bufte radié à droite.

℞. SPES PVBLICA. L'Efpérance marchant à gauche, tenant une fleur & relevant fa tunique.

Petit bronze. — Cabinet de France.

N° 140. — IMP. C. TETRICVS P. F. AVG. Bufte radié à droite.

℞. SPES PVBLICA. L'Efpérance, comme aux n°ˢ précédents.

Billon & petit bronze.

N° 141. — IMP. TETRICVS P. F. AVG. Tête radiée à droite.

℞. SPV.... BLICA (*Spes publica*). L'Efpérance marchant à gauche, levant la main droite & relevant fa tunique.

A l'exergue, CΛ.

Petit bronze.

N° 142. — IM... TRICVS. Buſte radié à droite.

   ℞. SPES PVBLICA. L'Eſpérance marchant à gauche, tenant une branche & relevant ſa tunique.
Petit bronze, quinaire.

N° 143. — IMP. C. TETRICVS .... Buſte radié à droite.

   ℞. SVPVS (*Spes publica*). Perſonnage debout à gauche, tenant une eſpèce de caducée.
Petit bronze. — Colleƈtion de M. Oppermann.

N° 144. — ...TRICVS P. F. AVG. Tête radiée à droite, avec ſurfrappe; le coin a tréflé, ce qui a produit une ſeconde tête de profil.

   ℞. SPES PVBLICA. L'Eſpérance, comme aux n^{os} précédents.
Petit bronze. — Colleƈtion de M. Oppermann.

144ᵃ. — IMP. TETRICVS PIVS AVG. Buſte lauré à droite.

   ℞. SPES PVBLICA. L'Eſpérance, comme aux n^{os} précédents.
Argent. — Muſée de Berlin. — *Berliner Blätter für Münz, Siegel und Wappenkunde*, III, pl. xxxviii, n° 11.

N° 145. — IMP. TETR.... F. AVG. Buſte radié à droite.

   ℞. TVTELA (?) Femme debout à gauche, tenant une patère & un ſceptre. Dans le champ, X.
Petit bronze. — Muſée de Rouen.

N° 146. — IMP. TETRICVS P. F. AVG. Tête laurée à droite.

   ℞. VBERITAS AVGG. La Fertilité debout à gauche, tenant un pis de vache & une corne d'abondance.
Or. — Cabinet de France. — *Cat. d'Ennery*, n° 403.

N° 147. — IMP. C. TETRICVS P. F. AVG. Buſte radié à droite.

   ℞. VBERT.... La Fertilité debout à gauche, tenant un pis de vache.

Petit bronze. — Collection de M. Oppermann.

N° 148. — ꟼP. TETRCI (*sic*) AVG. Buſte radié à droite.

℞. BEƧITI S (*sic*) AVG. (*Uberitas Aug.*). La Fertilité debout à gauche, tenant un pis de vache & une corne d'abondance. Dans le champ, T.

Petit bronze. — Collection de M. Oppermann.

N° 149. — IMP. .... S P. F. AVG. Buſte radié à droite.

℞. VB ... AS AVG. (*Uberitas Aug.*). Même type de la Fertilité debout à gauche, avec les mêmes attributs.

Petit bronze. — Collection de M. Achille Hoart.

N° 150. — IMP. TETRICVS AVG. Buſte lauré à gauche, avec la haſte & le bouclier ſur lequel on voit deux combattants.

℞. VICTORIA AVG. Victoire marchant à gauche, tenant une couronne & une palme.

Or. — Muſée d'Autun.

Cette pièce eſt enchâſſée dans une bague d'or antique.

Un autre exemplaire eſt conſervé dans le Cabinet de Gotha.—Ch. Liebe, *Gotha nummaria*, Amſtel., 1730, in-fol., p. 71. — Cf. Tanini, p. 152. — Seulement, au lieu de deux combattants, on voit ſur le bouclier une tête de Méduſe.

N° 151. — IMP. C. TETRICVS P. F. AVG. Tête laurée à droite.

℞. VICTORIA AVGG. Victoire marchant à droite, & portant un trophée.

Or. — Cabinet de Vienne. — Joſephus de France, *Cimelium Auſtr. Vindob.*, tab. IV, n° 21.

151ª. — IMP. TETRICVS P. F. AVG. Tête laurée à droite.

℞. VICTORIA AVGG. Victoire marchant à droite, & portant un trophée.

Or. — Autrefois du Cabinet de France, inventaire de 1788. — *Cat. d'Ennery*, n° 404.

N° 152. — IMP. C. TETRICVS P. F. AVG. Bufte lauré à droite.

℞. VICTORIA AVG. Victoire marchant à droite, portant un trophée, tenant une couronne & foulant aux pieds un captif.

Or. — Cabinet de France. — *Cat. Thomas*, n° 2730.

N° 153. — IMP. C. C. P. ESV. TETRICVS AVG. Bufte lauré à gauche.

℞. VICTORIA AVG. Victoire marchant à gauche, tenant une couronne & une palme.

Or. — Collection de M. Dupré, puis de M. Wigan, à Londres. — *Numifmatic Chronicle*, new feries, t. V, 1865, pl. vi, n° 12.

Cette pièce a été trouvée à Arlon (Luxembourg).

153². — IMP. TETRICVS PIVS AVG. Bufte lauré à droite.

℞. VICTORIA AVG. Même type de la Victoire marchant à gauche.

Or. — *Cat. Schellersheim*, p. 139.

Tanini (*Numifm. Impp. Rom.*, p. 152), s'eft trompé en décrivant une pièce d'or portant le même type de la Victoire marchant à gauche, au revers de la tête laurée de Tétricus : IMP. TETRICVS P. F. AVG. L'auteur dit que cette pièce eft confervée au Cabinet de Vienne. Mais ni Eckhel (*Catal. Mufei Cæfarei Vindob. num. vet.* Vindob., 1779), ni Khell (*Ad numifm. Impp. Rom. aurea & argentea a Vaillantio edita Suppl.*, Vindob., 1767), ni Arneth (*Synopfis num. ant. qui in Mufeo Cæfareo Vindob. adfervantur*, Vindob., 1842) ne parlent de cet aureus.

N° 154. — IMP. C. C. P. ESVVIVS TETRICVS AVG. Bufte radié à droite.

℞. VICTORIA AVG. Victoire marchant à gauche, tenant une couronne & une palme.

Petit bronze. — Cabinet de France & autres collections.

N° 155. — IMP. C. TETRICVS P. F. AVG. Bufte radié à droite.

℞. VICTORIA AVG. Victoire marchant à gauche, comme
au n° précédent.
Petit bronze.

N° 156. — ..MP. C. TETRICVS P. F. AVG. Buſte radié à droite.

℞. VICTO.... ... G. Victoire courant à gauche, tenant
une couronne & une palme.
Petit bronze.

N° 157. — ..MP. TETRICVS. Buſte radié à droite.

℞. VICTORIA AVG. Victoire marchant à droite, tenant
une couronne & une palme. A l'exergue, ⪦·
Petit bronze. — Collection de M. Achille Hoart.

N° 158. — IMP. C. TETR... VV. Buſte radié à droite.

℞. VI...RIΛ ΛG (sic, pour *Victoria Aug.*). Victoire debout
à gauche, tenant une couronne.
Petit bronze, quinaire. — Collection de M. Petit de Roſen,
à Tongres.

N° 159. — VIΛVꟼ...ƆIЯTƎT·Ɔ (sic). Tête radiée à gauche.

℞. VIC.... I II. Perſonnage barbu, debout, détournant la
tête à droite & tenant une lance.
Petit bronze. — Collection de M. Achille Hoart.

N° 160. — IMP. C. TETRICVS. Tête radiée à droite.

℞. VIC..ITOR (sic). Femme debout à gauche, tenant
dans chaque main un rameau.
Petit bronze. — Cabinet de France.

160ᵃ. — IMP. TETRICVS AVG. Buſte radié à droite.

℞. VICT.... III. Victoire marchant à droite, tenant une
palme & une couronne.
Petit bronze. — Collection de l'auteur.

160ᵇ. — ... M.. TETRICVS P. F. AVG. Buſte radié à droite.

℞. IAⲢXTƆIV (*sic*). Victoire debout à gauche, tenant une
couronne & une corne d'abondance.

Petit bronze. — Collection de M. Joſeph Roman, à Paris.

160ᶜ. — IMP. C.... ƆƆ. Buſte radié à droite.

℞. VICT.... Λ.. Victoire debout, vue de face, tenant une
couronne & une eſpèce de caducée.

Petit bronze. — Collection de l'auteur.

Nᵒ 161. — IMP. C. G. P. ESV. TETRI....VS AVG. Tête laurée
à gauche.

℞. VICT.. RIA GERM. L'empereur debout à gauche, en
habit militaire, tenant un globe & une haſte & couronné
par la Victoire placée derrière lui & qui tient une palme.
A ſes pieds un captif.

Or. — Cabinet de France.

Nᵒ 162. — IMP. C. TETRICVS PIVS AVG. Buſte lauré à droite.

℞. VIRTVS AVG. L'empereur en habit militaire, debout à
gauche, tenant un globe & le parazonium. A ſes pieds, un
captif.

Or. — Muſée Britannique. — *Cat. d'Ennery*, nᵒ 407.

Il exiſte un coin de Becker portant la légende : IMP. C. TETRICVS P. F. AVG.

Nᵒ 163. — IMP. TETRICVS PIVS AVG. Buſte lauré à gauche.

℞. VIRTVS AVG. L'empereur debout à gauche, comme
au nᵒ 162.

Or. — Cabinet de France. — *Cat. d'Ennery*, nᵒ 406.

163ᵃ. — IMP. TETRICVS P. F. AVG. Buſte lauré à droite.

℞. VIRTVS AVGG. L'empereur en habit militaire, debout
à droite, tenant un ſceptre & un globe, le pied gauche
poſé ſur un captif.

Or. — Muſée de Lyon.

Nᵒ 164. — IMP. C. TETRICVS P. F. AVG. Buſte lauré à droite.

℞. VIRTVS AVG. La Valeur ou Rome cafquée, le fein droit découvert, affife à gauche fur une cuiraffe & tenant une branche de laurier & une hafte la pointe en bas.
Or. — Cabinet de France. — Collection de M. Dupré, puis de M. Wigan, à Londres. — Mufée Hunter, à Glafgow. — Caylus, 961. — *Muf. Wiczay Hedervar.*, t. II, n° 507. — *Numifmatic Chronicle*, new feries, t. V, 1865, p. 90.

N° 165. — IMP. C. TETRICVS P. F. AVG. Bufte lauré à droite.

℞. VIRTVS AVG. Même type.
Billon. — Mufée Britannique. — Collection de Mlle Rolin, à Nancy. — *Revue numifm.*, 1837, p. 144.

N° 166. — IMP. TETRICVS ..... Tête radiée à droite.

℞. VIRTVS AVG. Mars cafqué debout à droite, tenant la hafte & s'appuyant fur un bouclier.
Petit bronze. — Collection de M. Achille Hoart.

N° 167. — IMP. TETRICVS P. AV. Tête radiée à droite.

℞. ... IVS AVG. (*Virtus Aug.*). Mars cafqué & nu, debout à droite, tenant la hafte & s'appuyant fur un bouclier.
Petit bronze. — Collection de M. Oppermann.

N° 168. — IMP. C. TETRICVS P. F. AVG. Bufte radié à droite.

℞. VIRTVS AVGG. Mars cafqué debout à gauche, tenant la hafte & s'appuyant fur un bouclier.
Petit bronze.

N° 169. — ..... TETRICVS... Tête radiée à droite.

℞. VIRTVS AVG. Même type varié de Mars debout à gauche, comme au n° 168.
Petit bronze.

N° 170. — IMP. C. TETRICVS AVG. Tête radiée à droite.

℞. VIRT... Femme debout à gauche, tenant une branche d'olivier & un fceptre, comme la Paix. Dans le champ, une étoile.

Petit bronze. — Colleélion de M. Oppermann.

N° 171. — IMP. C. TETRICVS AVG. Bufte radié à droite.

℞. VIRT... VG. Le Soleil debout, la tête radiée à gauche, étendant la main droite & tenant de la gauche un fouet.

Petit bronze, quinaire. — Colleélion de M. Oppermann.

N° 172. — IMP. C. TETRICVS AVG. Bufte radié à droite.

℞. VIRTVS..... Femme debout à gauche, tenant une fleur & un fceptre, comme la Paix.

Petit bronze. — Colleélion de M. Oppermann.

N° 173. — IMP. C. TETRICVS P. F. AVG. Bufte lauré à droite.

℞. VIRTVTI AVGVSTI. Hercule nu, debout à droite, appuyé fur fa maffue, enveloppée de la peau de lion & placée fur un rocher.

Or. — Colleélion de M. Dupré, aujourd'hui du Cabinet de France. — *Cat. Thomas*, n° 2731.

173ᵃ. — IMP. C. TETRICVS. Bufte radié à droite.

℞. VOTA PVBLICA. Autel.

Petit bronze. — Banduri.

N° 174. — IMP. C. TETRICVS AVG. Bufte nu de face.

℞. VOTIS DECENNALIBVS. Viéloire debout à droite, le pied gauche pofé fur un globe, & écrivant le chiffre X fur un bouclier qu'elle tient fur fon genou.

Or. — Colleélion de M. Dupré, puis de M. Wigan, à Londres. — Autrefois du Cabinet de France, du cabinet de M. Cary, inventaire de 1758. — *Numifmatic Chronicle*, new feries, t. V, 1865, p. 90. — F. M. Avellino, *Giornale*

numifmatico, I, pl. II, 5, Nap., 1811, in-4°. — *Mus. Wiczay
Hedervar.*, t. II, n° 505, tab. II, n° 19.

Il exifte un coin de Becker.

N° 175. — IIII P. P. .... VS AVG. Bufte radié à droite.

℞. ꓛVΛꙄIƐICIIN. Centaure à droite.

Petit bronze. — Colleétion de l'auteur.

N° 176. — .. ꓴP... Tête radiée à droite.

℞. ..... II. Centaure à gauche.

Petit bronze. — Colleétion de M. l'abbé Defnoyers, à
Orléans.

N° 177. — C...VS A... Bufte radié à droite.

℞. ... IV... Enfant monté fur un quadrupède, à gauche, dans
un temple tétraftyle.

Petit bronze. — Colleétion de M. Achille Hoart.

Ce type a quelque reffemblance avec ceux qui montrent Jupiter enfant monté fur la
chèvre Amalthée, au revers de Gallien & de Salonin, IOVI CRESCENTI, IOVI
EXORIENTI. — Cohen, *Impériales*, t. IV, p. 377, n° 226; p. 482, n°ˢ 17-22; p. 489,
n° 68.

N° 178. — ......IS AVG. Tête radiée à droite.

℞. OΛI... Plante (?).

Petit bronze, quinaire. — Colleétion de M. Ch. Robert.

N° 179. — ΩⅡΛVDV-OSꓷVΛ. Bufte radié à droite.

℞. ΩΩΩΩ OΛVΛ. Caducée.

Petit bronze. — Colleétion de M. Vifcher, à Bâle.

N° 180. — Sans légende. Tête radiée à droite.

℞. Sans légende. Caducée (?), ou peut-être deux roues de char?
Petit bronze, quinaire. — Colleétion de M. Ch. Robert.

N° 181. — Légende effacée. Tête radiée à droite.

℞. Iꓛ. Biche marchant à droite.

Petit bronze. — Colleétion de l'auteur.

N° 182. — C. PIIVCIΛ.ΛVG. Bufte radié à droite.
℞. TECC. Cerf marchant à droite.
Petit bronze. — Mufée de Saintes.

N° 183. — IMP. TETRI...S P. F. AVG. Bufte radié à droite.
℞. ISΛSI. Chèvre marchant à droite.
Petit bronze. — Cabinet de France.

N° 184. — IMP. TETRICVS P. F. AVG. Bufte radié à droite.
℞. ACEF. Cerf marchant à droite. A l'exergue, A Я.
Petit bronze. — Collection de l'auteur.

N° 185. — IMP. TETRICVS PIAVVC. Bufte radié à droite.
℞. PIΕS AVGIPI. Bouc marchant à droite.
Petit bronze. — Collection de M. Oppermann.

185ª.—IMP. TETRICVS PI. AV. Tête radiée à droite.
℞. PIO INCIPI (*Pio Principi?*). Bouc marchant à droite.
Petit bronze. — Collection de M. Jofeph Roman, à Paris.

N° 186. — ...E...S AVG. Tête radiée à droite.
℞. VIC. (*Victoria?*). Cerf marchant à droite.
Petit bronze. — Cabinet de Vienne.

N° 187. — PIIIᴗᴗ Tête radiée à droite.
℞. IƆII. Cerf marchant à gauche.
Petit bronze. — Collection de M. Oppermann.

N° 188. — OFᴖᴖVOHᴖ. Tête radiée à droite.
℞. CΛO. Cerf à gauche. Au-deffous, fix croiffants qui figurent des lettres.
Petit bronze. —Collection de M. Zwæpffel, à Strasbourg.

N° 189. — ΛMCI. Tête radiée à droite.
℞. ∀ƎИOMƆ (pour *Comes Aug?*). Cerf courant à gauche.
Petit bronze. — Collection de M. Oppermann.

N° 190. — IMP.....S PIV. AVG. Bufte radié à droite.

℞. ꟲИꙄIꙄ (*Comes?*). Griffon à gauche.
Petit bronze. — Collection de l'auteur.

Nº 191. — VꙄIꙅII. Tête radiée à droite.

℞. Deux ou trois caractères incertains. Femme à cheval à
gauche, le buste nu, le bas du corps couvert d'une dra-
perie, probablement la déesse Epona.
Petit bronze, quinaire. — Collection de M. Ch. Robert.

Nº 192. — IMP. C. TETRICVS P... Buste radié à droite.

℞. IICVS TINV. Déesse debout à gauche, tenant une fleur
& un sceptre; à ses pieds un quadrupède.
Petit bronze.

Nº 193. — ..MP. C. TETRICVS P. I. Buste radié à droite.

℞. ꙄꙄIZZ'ꟻI. Le Soleil nu, la tête radiée, les deux bras
écartés, marchant à droite. Derrière, une petite figure
assise qui lève le bras droit.
Petit bronze. — Collection de M. Petit de Rosen, à
Tongres.

Nº 194. — vVΛ. Buste radié à droite.

℞. VOE. Homme nu, marchant à droite, tenant une haste
& une massue.
Petit bronze, quinaire.

Nº 195. — ..... TRICVS P. F. AV... Tête radiée à droite.

℞ ꓵOVRI.. Mars casqué, tenant une haste, & marchant
à gauche.
Petit bronze.

Nº 196. — IMP. TETICVS (*sic*). P. F. ИG (*sic*). Tête radiée à
droite.

℞. Légende barbare, dans laquelle on ne peut distinguer que
les lettres OVI (*Jovi Conservatori?*). Homme debout à
gauche, tenant des deux mains un bâton ou une haste.
Petit bronze. — Collection de M. Oppermann.

N° 197. — IMP. C. TETRICVS P. F. AV. Buſte radié à gauche.

℟. M TIV. Homme nu, marchant à gauche, levant le bras droit & tenant un bâton.

Petit bronze. — Collection de M. Oppermann.

N° 198. — III SI ΛVG. Tête radiée à droite.

℟. VVΛƆΛVꝶΛ. Neptune armé du trident, debout à droite.

Petit bronze.

N° 199. — OCVORIƆꝶIIПM. Buſte radié à droite.

℟. CVᴗOVᴗ. Neptune, la tête radiée, armé du trident, debout à gauche.

Petit bronze.

N° 200. — IꟼIOHIΛVII. Tête radiée à droite.

℟. NПIIO Victoire ailée (?), armée du trident, debout à gauche.

Petit bronze.

N° 201. — Sans légende. Tête radiée à droite.

℟. Figure informe.

Petit bronze, quinaire.

N° 202. — .. ICV.. Tête radiée à droite.

℟. R.... II I. Perſonnage debout à droite, les bras étendus.

Petit bronze.

N° 203. — Sans légende. Tête radiée à droite.

℟. Perſonnage, les deux bras étendus. Dans le champ, O.

Petit bronze, quinaire.

N° 204. — Sans légende. Tête radiée à droite.

℟. Figure informe.

Petit bronze, quinaire.

N° 205. — IMP. TETRICVƧ AG. Tête radiée à droite.

℟. Femme debout à droite, tenant une ancre (?).

Petit bronze, quinaire.

N° 206. — Sans légende. Tête radiée à droite.

℟. Perſonnage marchant à droite & portant un trophée (?).
Petit bronze, quinaire. — Collection de M. Ch. Robert.

N° 207. — H. Tête radiée à droite.

℟. AXTI. (*Pax?*). Deux perſonnages debout, vus de face.
Petit bronze, quinaire. — Collection de M. Ch. Robert.

N° 208. — MP. C....SI AVG. Buſte radié à droite.

℟. ΛILIVE. Perſonnage debout, tenant dans chaque main
un bâton, probablement type dégénéré de *Fides Militum*,
nᵒˢ 28-32.
Petit bronze.

N° 209. — IИP. ИCVVƧNCVΛIII. Buſte radié à droite.

℟. CИ VVVVƆƧVVIV. Statue d'une divinité, placée dans
un temple hexaſtyle.
Petit bronze. — Collection de M. Gréau, à Troyes.

N° 210. — IMP. C. TETRICVS P. F. A... Buſte radié à droite.

℟. ...VCИVƆVN. Type à peu près ſemblable à celui du
n° 209.
Petit bronze. — Collection de M. Oppermann.

N° 211. — ... ANG. Tête radiée à droite.

℟. IΛИIƎV⌣IΛ. Temple tétraſtyle.
Petit bronze. — Cabinet de France.

N° 212. — IMP. TETR...S AVG. Buſte radié à droite.

℟. JVI.. & autres lettres. Eſpèce d'édicule.
Petit bronze. — Collection de M. Petit de Roſen, à
Tongres.

N° 213. — ..C. TETRICVƧ Λ.... Buſte radié à droite.

℟. PE. Temple hexaſtyle.
Petit bronze. — Chez M. Charvet.

N° 214. — IMP. INT LIIEIVC. Buſte radié à droite.

℞. Autel ou édicule, entre deux colonnes. A l'exergue, I X I.

Petit bronze. — Collection de M. Ch. Robert.

Ce type eft une dégénérefcence du type fi connu de l'autel de Lyon, qui fe voit au revers des monnaies d'Augufte, de Tibère, de Claude & de Néron. — Cohen, *Impériales*, t. I, p. 71, n°ˢ 273-276; p. 123, n°ˢ 39-46; p. 165, n°ˢ 84 & 85; p. 204, n° 241.

N° 215. — C... Bufte radié à droite.

℞. VII ꝺ. Édicule.

Petit bronze, quinaire. — Collection de M. Ch. Robert.

N° 216. — IW... CVS... Bufte radié à droite.

℞. Édicule.

Petit bronze. — Collection de M. Ch. Robert.

N° 217. — .... VTVC. Bufte radié à droite.

℞. Édicule.

Petit bronze, quinaire. — Collection de M. Ch. Robert.

N° 218. — T. Tête radiée à droite.

℞. Autel.

Petit bronze, quinaire. — Collection de M. Ch. Robert.

N° 219. — ... IRI... Tête radiée à droite.

℞. Autel.

Petit bronze.—Collection de M. Petit de Rofen, à Tongres.

N° 220. — IMP. C. TETRICVS. Tête radiée à droite.

℞. VPLICΛIIΛ....RA. Autel.

Petit bronze. — Collection de M. Oppermann.

N° 221. — VOIꞀꝺI. Tête radiée à droite.

℞. TVIXCSAꝒI. Perfonnage marchant à droite, & tenant une couronne.

Petit bronze. — Collection de M. Oppermann.

N° 222. — P. C. TERICVS P. F. (*sic*). Tête radiée à droite.

℞. Deux femmes debout & en regard, une main levée; au milieu, une fleur.

Petit bronze. — Collection de feu M. André Jeuffrain,
à Tours.

N° 223. —   C. TETRICVS P. F. Bufte radié à droite.

℞. ...Ɔ⅃Ǝⵏ08. (*Spei Aug.?*). L'Efpérance debout à droite,
tenant une fleur & relevant fa tunique.
Petit bronze.

N° 224. — IⱲP. TᒧRICV. VC. VI (*sic*). Tête radiée à droite.

℞. O V... (pour *Princ. Juvent.*). Tétricus le fils debout à
gauche, tenant une hafte & une patère.
Petit bronze. — Collection de l'auteur.

Cette pièce a été trouvée à Dax (Landes).

N° 225. — ..ICS AIG. Tête radiée à droite.

℞. ALICVS. Femme affife à droite, détournant la tête à
.gauche.
Petit bronze, quinaire. — Collection de l'auteur.

N° 226. — IMP. TETRIC... Bufte radié à droite.

℞. D V. Femme affife à droite & jouant, à ce qu'il femble,
avec deux balles.
Petit bronze. — Collection de M. Oppermann.

N° 227. — TE...... Tête radiée à droite.

℞. IΛ. Femme affife à gauche & tenant un rameau.
Petit bronze. — Collection de M. Achille Hoart.

N° 228. — IP. TⱯTRICVS PI. AVG. Bufte radié à droite.

℞. IIIRITS AVGG. (*Virtus Augg.?*). Femme debout à
gauche, & tenant des attributs indéterminés.
Petit bronze. — Cabinet de France.

N° 229. — Légende illifible. Bufte radié à droite.

℞. ꝸT. Mars cafqué debout à gauche, tenant une hafte.
Petit bronze. — Collection de l'auteur.

Nº 230. — IMP. C. TETRICVS P. F. AV. Tête radiée à droite.

    ℞. VINI ΛVGG. Femme debout à gauche, tenant un
      præfericulum.
      Petit bronze.

Nº 231. — IMP. C. TETRICVS P. F. AVG. Tête radiée à droite.

    ℞. VAV. Déeſſe caſquée debout à gauche, tenant une corne
      d'abondance & une patère.
      Petit bronze.

Nº 232. — ... TETRICVS AVG. Buſte radié à droite.

    ℞. ..O ΛVG. Pallas caſquée debout à gauche, tenant une
      haſte, & étendant la main droite.
      Petit bronze.

Nº 233. — ....RICVS P. F. Buſte radié à droite.

    ℞ VƧℲ. Femme debout à gauche, tenant une haſte & éten-
      dant la main gauche. Dans le champ, I.
      Petit bronze.

Nº 234. — TETRICIIƧ VIII. Tête radiée à droite.

    ℞. ..IVITC. L'Eſpérance debout à gauche, tenant une fleur
      & un ſceptre.
      Petit bronze.

Nº 235. — TETRICVS P. F. Tête radiée à droite.

    ℞. VLLV. (*Salus Aug.?*). Femme debout à gauche, tenant
      une patère & un ſceptre.
      Petit bronze.

Nº 236. — IMP. TE......S PIVS A.... Buſte radié à droite.

    ℞. PE Λ. Femme debout à gauche, tenant un ſceptre &
      une corne d'abondance.
      Petit bronze.

Nº 237. — Légende complètement illiſible. Buſte radié à droite.

℞. IΛЯS. Femme debout à gauche, tenant une patère.
Petit bronze.

Nº 238. — IШb. ΩƧ CΛIIVC. Buſte radié à droite.

℞. IƆIICⱵI (*Hilaritas Aug.*). L'Allégreſſe debout à droite, tenant un rameau & un bâton.
Petit bronze.

Nº 239. — IMP. C. TETRICΛS (*sic*) P. F. AVG. Buſte radié à droite.

℞. ··RITIIS Λ··· (*Hilaritas Aug.*). L'Allégreſſe debout à gauche, tenant un rameau & un gouvernail.
Petit bronze.

Nº 240. — IMP. TETRICVS P. I. ΛVG. Tête radiée à droite.

℞. ΛX ΛVG. (*Pax Aug.*). La Paix debout à gauche, tenant une fleur & un ſceptre. Dans le champ, la lettre P.
Petit bronze.

Nº 241. — IMP. TETRICVS PIV. AG. (*sic*). Buſte radié à droite.

℞. PΛX AVG. Mars caſqué debout à gauche, appuyé ſur une haſte & étendant la main droite.
Petit bronze.

Nº 242. — ....V... IIG. Buſte radié à droite.

℞. ...IV. Femme debout à gauche, étendant la main droite.
Petit bronze.

Nº 243. — IШP. TE.... Buſte radié à droite.

℞. ƆΛ··· IH. (*Hilaritas Aug.*). L'Allégreſſe debout à gauche, tenant un rameau & une corne d'abondance.
Petit bronze.

Nº 244. — IMP. CILRICVƧ ΛV. (*sic*). Buſte radié à droite.

℞. ƆƆITIƧT. Femme debout à gauche, tenant une ancre & une fleur. Dans le champ, la lettre I.
Petit bronze.

N° 245. — WⅠ ꓭIIISV... Tête radiée à droite.

℞. IIΩЬP. Femme debout à gauche, écartant les deux bras & tenant une ancre.

Petit bronze.

N° 246. — IMP....CVS P. F. **Buſte** radié à droite.

℞. A ET. A... (*Lætitia Aug.*). La Joie debout à gauche, tenant une fleur & un ſceptre.

Petit bronze.

N° 247. — ..P. C. TETRICVS P. F. AVG. Buſte radié à droite.

℞. TVꙄ ꝟGG. Hygie debout à gauche, tenant une ancre & s'approchant d'un autel, autour duquel s'enroule un ſerpent.

Petit bronze.

N° 248. — ... RTACIꙄ (*sic*) P. P. AG. Buſte radié à droite.

℞. ꓥTV. La Paix ou l'Eſpérance debout à gauche, tenant une fleur. Dans le champ, une croix à branches égales ✚.

Petit bronze. — Collection de M. Petit de Roſen, à Tongres.

N° 249. — IⴡTꓱT.. VꙄCIE. Buſte radié à droite.

℞. IⴃIIⴃ ⴃCC. Femme debout à gauche, tenant un rameau dans chaque main.

Petit bronze.

N° 250. — Légende complètement illiſible. Tête radiée à droite.

℞. Caractères incertains & la lettre X. Perſonnage debout.

Petit bronze.

N° 251. — IVⴃCꓥEVIICIIIVꙄ HꓥVG. Buſte radié à droite.

℞. ꓛVA THꓥ(. Femme debout à gauche, tenant une fleur & un rameau. Dans le champ, la lettre X.

Petit bronze.

N° 252. — IMP. C. TETRICVS Ⱶ. C. V. Tête radiée à droite.

℞. IIIcI ιΛN. Femme debout à gauche, tenant deux bâtons, type dégénéré de *Fides Militum*, nᵒˢ 28-32.
Petit bronze.

Nᵒ 253. — ....S AVG. Buſte radié à droite.

℞. ϽϽV H. Femme debout à gauche, s'appuyant ſur un autel, ou ſacrifiant?
Petit bronze.

Nᵒ 254. — IMP. TECVS (*sic*) ΛVG. Buſte radié à droite.

℞. ϽϽTIAC. Femme debout à gauche, tenant un rameau & une ancre.
Petit bronze, quinaire.

Nᵒ 255. — ....MP. TETRIC.... Tête radiée à droite, coupée par la moitié.

℞. R...I AG. Buſte radié à droite & ſurfrappé d'un ſecond buſte.
Petit bronze, module preſque du moyen bronze. — Collection de M. Oppermann.

Nᵒ 256. — ꟼꟼИ W..... Tête radiée à droite.

℞. LIN H. Vaſe à deux anſes dans un carré.
Petit bronze. — Collection de l'auteur.

Nᵒ 257. — CIICꟼC. Tête radiée à droite.

℞. Præfericulum, fer de lance & autre objet entourés d'un cercle, type dégénéré de *Pietas Aug.*, nᵒˢ 92-98.
Petit bronze.

Nᵒ 258. — IVΛD.C. TꞀOIϽDIC. Tête radiée à droite.

℞. Vaſe à deux anſes.
Petit bronze, quinaire. — Collection de l'auteur.

Nᵒ 259. — Légende peu marquée & tracée ſur les bords de la pièce, mais dans laquelle on retrouve les éléments de TETRICVS P. F. A. Tête radiée à droite.

℞. Vafe à deux anfes.
Petit bronze, quinaire. — Colleƈtion de l'auteur.

Nº 260. — TETRICVS AV. Tête radiée à droite.
℞. Vafe, type mal frappé.
Petit bronze, quinaire. — Colleƈtion de l'auteur.

Nº 261. — IC. TETRICVS P. F. AIG. (*sic*). Bufte radié à droite.
℞. ΛS...... Vafe à deux anfes.
Petit bronze, quinaire. — Colleƈtion de l'auteur.

Nº 262. — Sans légende. Tête à droite.
℞. Præfericulum.
Petit bronze, quinaire. — Cabinet de France.

Nº 263. — Sans légende. Bufte radié à droite.
℞. Femme debout à gauche, tenant un gouvernail; le petit
module du flan n'a pas permis de reproduire le type
complet, la tête de la femme manque.
Petit bronze, quinaire. — Cabinet de France.

Nº 264. — Sans légende. Tête radiée à droite.
℞. Femme debout de face, tenant deux enfeignes militaires.
Petit bronze, quinaire. — Cabinet de France.

Nº 265. — Sans légende. Tête radiée à droite.
℞. IP. Femme debout à gauche, tenant une ancre, à ce
qu'il paraît.
Petit bronze, quinaire. — Colleƈtion de l'auteur.

Les petites pièces, nᵒˢ 258, 259, 260, 261 & 265 ont été trouvées à Malaga, en Efpagne.

Nº 266. — T..IƆVNƆVNIƆ. Tête radiée à droite.
℞. Légende effacée. Femme debout, tournée à gauche &
écartant les deux bras.
Petit bronze.

Nº 267. — Légende complètement illifible. Bufte radié à droite.

℟. Légende illifible. Perfonnage affis fur un fiége à droite & tenant une maffue ou un bâton?

Petit bronze. — Collection de l'auteur.

N° 268. — IMP. TETRICVS P. F. AVG. Bufte radié à droite.

℟. PL A. AVG. La Fidélité debout à gauche, tenant deux enfeignes militaires.

Petit bronze.

N° 269. — Sans légende. Tête radiée à droite.

℟. Sans légende. Perfonnage nu debout, tenant un bâton.

Petit bronze.

N° 270. — IMP. C. TETICVS AL (*sic*) AVG. Tête radiée à droite.

℟. Sans légende. Un homme nu & une femme debout; au milieu, un arbre.

Petit bronze. — Collection de M. Roman.

Ce type rappelle celui d'une médaille d'Athènes, qui montre la difpute de Minerve & de Neptune, au fujet de l'Attique. — Beulé, *Monnaies d'Athènes*, p. 393.

N° 271. — IIIIP CCVIIIIIVII\/SIIII. Tête radiée à droite.

℟. ƆOS. Perfonnage nu, marchant à droite, les deux bras écartés & tenant un bâton.

Petit bronze. — Collection de l'auteur.

N° 272. — IMP. TETRICVS P. F. ∧VG. (*sic*). Bufte radié à droite.

℟. VILVDV. P. AVGG. (pour *Hilaritas Augg.*). L'Allé-greffe debout à gauche, tenant un rameau & une corne d'abondance.

Petit bronze.

TÉTRICVS ET POSTVME

N° 1. — IMP. TETRICVS P. F. AVG. Buſte radié à droite.
℞. IMP. C. POSTVMVS P. F. AVG. Buſte radié à droite.
Petit bronze. — Collection inconnue.

TÉTRICVS ET VICTORIN

N° 2. — IMP. TETRICVS VI (pour *P. F.*). Tête radiée à droite.
℞. IMP. C. VICTORINVS P. F. AVG. Tête radiée à droite.
Billon. — Cabinet de France. — *Cat. d'Ennery*, n° 4367.

TÉTRICVS ET CLAVDE LE GOTHIQVE

N° 3. — IMP. TETRICVS AVG. Buſte radié à droite.
℞. IMP. C. CLAVDIVS AVG. Buſte radié à droite.
Petit bronze. — Banduri.

Ces trois médailles ont été frappées évidemment du temps de Tétricus. M. Cohen (*Impériales*, t. V, p. 179, note) eſt porté à conſidérer ces ſortes de pièces comme des médailles

hybrides qui par conféquent n'offrent que peu d'intérêt. Cependant Eckhel (*D. N.*, t. VII, p. 456) reconnaît dans la pièce qui montre la tête de Claude le Gothique, au revers de celle de Tétricus, un témoignage de la concorde qui régnait entre ces deux princes. Les médailles fur lefquelles les têtes de Poftume & de Victorin font affociées à celle de Tétricus, pourraient être confidérées comme des pièces frappées par Victorine ou par Tétricus lui-même pour honorer la mémoire des empereurs qui avaient fondé l'empire des Gaules.

TÉTRICVS PÈRE ET TÉTRICVS FILS

(268-273 après J.-C.)

No 1. — PIV. E. TETRICVS P. F. AVG. Bufte barbu & radié
à droite.

℞. ...IV. ESV. TETRICVS CA.. Bufte imberbe & radié
à droite.

Petit bronze. — Cabinet de France. — Mufée d'Autun.

No 2. — ... TETRICVS PI... Bufte barbu & radié à droite.

℞. ...CVS P. Ⅎ. AVG. Bufte imberbe & radié à droite.

Petit bronze. — Collection de M. de la Fontaine.

No 3. — IMP. TE...CVS P. Γ. ΛVG. Bufte barbu & lauré à
droite.

℞. PI. TETRICVS C. Bufte imberbe & nu-tête à droite.

Petit bronze. — Collection de M. de la Fontaine.

No 4. — IMP. C. TETRICVS P. F. AVG. Buftes accolés à droite
de Tétricus père, barbu & lauré, & de Tétricus fils, imberbe
& nu-tête.

℞. AETERNITAS AVGG. L'Éternité debout à gauche,
tenant un globe furmonté du phénix & relevant fa tunique.

Or. — Cabinet de France. — Cabinet de Madrid. — Collection de M. Dupré, puis de M. Wigan, à Londres. —
Caylus, n° 962.

Il exifte un coin de Becker.

4ᵃ. — IMP. C. TETRICVS P. F. AVG. Buftes accolés des deux Tétricus à droite, l'un barbu & lauré, l'autre imberbe & nu-tête.

℞. FELICITAS PVBLICA. La Félicité debout à gauche, tenant un caducée & appuyée fur une colonne.

Or. — Banduri.

Nᵒ 5. — IMPP. INVICTI PII AVGG. Buftes accolés à droite de Tétricus père, barbu & lauré, & de Tétricus fils, imberbe & nu-tête.

℞. HILARITAS AVGG. L'Allégreffe debout à gauche, tenant une palme & une corne d'abondance; de chaque côté un enfant.

Or. — Autrefois du Cabinet de France, inventaire de 1772, du cabinet de Pellerin.

Cf. Tanini, p. 152. — Cette pièce eft gravée dans un opufcule extrêmement rare de Gafpar de Pfau, pl. XXIII, nᵒ 2, dont j'ai donné le titre complet plus haut, p. 144, note, en décrivant les médailles de Tétricus père, nᵒ 88ᵃ.

5ᵃ. — IMPP. TETRICI PII AVGG. Têtes accolées à droite de Tétricus père & de Tétricus fils, l'une barbue & laurée, l'autre imberbe & nue.

℞. IOVI VICTORI. Jupiter affis à gauche, tenant de la main droite la Victoire & de la gauche la hafte.

Or & billon.—Autrefois du Cabinet de France, du Cabinet de Sainte-Geneviève. — Hardouin, *Opera felecta*, p. 680.

Ce même type fe trouve au revers de Tétricus père. Voir nᵒ 45ᵃ.

Nᵒ 6. — IMPP. TETRICIS AVGG. Buftes accolés des deux Tétricus à droite, l'un barbu & radié, l'autre imberbe & nu-tête.

℞. PAX AVG. La Paix debout à gauche, tenant une patère & un fceptre.

Petit bronze. — Mufée de Genève. — Collection Goffellin,

Cat. nº 1210, maintenant collection de l'auteur. — *Cat. d'Ennery,* nº 4426.

6ᵃ. — IMPP. TETRICI AVGG. Buftes accolés des deux Tétricus à droite, l'un barbu & radié, l'autre imberbe & nu-tête.

℞. PΛ.. ΛVG. L'Efpérance marchant à gauche, relevant fa tunique & tenant une fleur.
Petit bronze. — Collection de l'auteur.

Nº 7. — IMPP. TETRICI AVGG. Buftes affrontés de Tétricus père, barbu & lauré, à gauche, & de Tétricus fils, imberbe & nu-tête, à droite.

℞. P. M. TR. P. COS. III P. P. Les deux Tétricus debout en face l'un de l'autre, tenant chacun un fceptre; le père tient de plus le globe; au milieu, un autel fur lequel Tétricus le fils répand une libation. A l'exergue : VOT. X.
Or. — Mufée Britannique.

Nº 8. — IMP. TETRICI AVGG. Buftes affrontés de Tétricus père, barbu & lauré, à droite, & de Tétricus fils, imberbe & nu-tête, à gauche.

℞. P. M. TR. P. COS. III P. P. Les deux Tétricus placés en face l'un de l'autre & facrifiant fur un autel. L'un tient un globe & eft couronné par la Victoire, debout derrière lui. A l'exergue : VOTA.
Petit bronze. — Cabinet de France. — Collection Gof-fellin, *Cat.* nº 1208.

Sur l'exemplaire de la collection Goffellin le mot VOTA ne paraît pas.

Nº 9. — Légende effacée. Buftes affrontés de Tétricus père, barbu & radié, à droite, & de Tétricus fils, imberbe & nu-tête, à gauche.

℞. ..... P. COS..... Même type des deux Tétricus facri-fiant fur un autel, & de la Victoire; de plus, à droite, un garde prétorien. A l'exergue : VOTA.
Petit bronze. — Cabinet de France.

Nº 10. — IMPP. TETRICI PII AVGG. Têtes accolées des deux
Tétricus à droite, l'une barbue & laurée, l'autre imberbe
& nue.

℞. VICTORIA AVGG. Victoire affife fur des armes devant
un trophée & écrivant fur un bouclier : VO. X.

Or. — Autrefois du Cabinet de France, inventaire de 1788.

— *Cat. d'Ennery*, nº 405.

Le même type eft figuré au revers de Poftume. Voir nº 303 *b*.

TÉTRICVS FILS

(268-273 *après J.-C.*)

N° 1. — C. PIV. ESV. TETRICVS CAES. Buſte radié à droite.

ℤ. ƧƎAƆ ƧVƆIЯTƎT. VƧƎ. VIꟼ. Ɔ. Même buſte incus, à gauche.

Petit bronze. — Cabinet de France & autres collections.

N° 2. — Ɔ ƧVƆIЯTƎT ƧVIꟼ .Ɔ. Buſte radié à droite.

ℤ. ƆVΛ. TИADWVꓭΛ. (*Abundantia Aug.*). Præfericulum.

Petit bronze. — Collection de M. Roman, à Paris.

N° 3. — C. PIV. ESV. TETRICVS CΛ..... Tête radiée à droite.

ℤ. AEQ. VVG (*sic*). L'Équité debout à gauche, tenant des balances & un rameau.

Petit bronze. — Collections de M. Oppermann & de l'auteur.

N° 4. — C. PIVS ESVVIVS TETRICVS CAES. Buſte nu-tête à droite.

ℤ. AETERNITAS AVGG. Le Soleil, la tête radiée, la main droite levée & la gauche armée d'un fouet, dans un quadrige au galop à gauche.

Médaillon de bronze. — Muſée de Grenoble. — Marquis de Pina, *Leçons élémentaires de numiſmatique romaine* (ſans nom d'auteur), Paris, 1823, in-8°, pl. n° 9.

Cette rare pièce a été trouvée ſur les bords du Rhône, à Andancette, l'ancienne *Figlinæ*, ſtation romaine entre Vienne & Valence.

N° 5. — C. PIV. ESV TETRICVS CAES. Buſte radié à droite.

℞. COMES AVG. Victoire debout à gauche, tenant une couronne & une palme.

Billon & petit bronze.

N° 6. — C. PIV. ESV. TETRICVS...ES. Buſte radié à droite.

℞. COMES AVG. Victoire ſans ailes, debout à gauche, tenant une couronne & un rameau.

Petit bronze. — Collection de l'auteur.

N° 7. — C. PI. ES. TETRICVS CAES. Buſte radié à droite.

℞. COMES AVGG. Victoire debout à gauche, tenant une couronne & une palme.

Petit bronze. — Collection de l'auteur.

7ª. — C. ...CVS CI (*sic*). Buſte radié à droite.

℞. COW. IMP. AVG. Pallas debout, armée d'un bouclier & d'une haſte & tenant un rameau.

Petit bronze. — Banduri. — Mionnet, d'après Vaillant.

N° 8. — ...PIVS TETRICVS CAES. Tête radiée à droite.

℞. CONSECRATIO. Aigle éployé, tournant la tête à droite.

Petit bronze. — *Revue numiſmatique*, 1857, p. 7.

8ª. — IMP. TETRIC.... Tête radiée à droite.

℞. .. OSAII & quelques caractères incertains. Aigle éployé, tournant la tête à droite.

Petit bronze. — Collection de l'auteur.

N° 9. — IMP. C. TETRICVS AVG. Buſte radié à droite.

℞. ...ONSECR. (*Conſecratio.*) Femme debout à gauche, tenant une corne d'abondance & ſacrifiant ſur un autel autour duquel s'enroule un ſerpent.

Petit bronze. — Collection de M. Achille Hoart.

Voir le même type à Tétricus père, n° 22.

N° 10. — ....ICVS VS. Buſte radié à droite.

℞. Sans légende. Autel.·

Petit bronze. — Cabinet de France & autres collections.

10ᵃ. — C. P. TE... Tête radiée à droite.

℞. CONSECRATIO. Autel allumé.

Petit bronze. — Collection de M. Sutterlin, à Strasbourg.

N° 11. — ..ESV. TETRICVS CAES. Buste radié à droite.

℞. FELICITAS AVG. La Félicité debout à gauche, tenant
fur fon bras un enfant & tendant la main à un autre
enfant debout devant elle.
Petit bronze. — Cabinet de Copenhague. — Ramus, *Cat.
num. vet. mufei regis Daniæ*, n° 4.

N° 12. — C. PIV. ESV. TETRICVS..AE. Buste radié à droite.

℞. ..IDES MILITVM. (*Fides Militum*). La Fidélité debout
à gauche, tenant deux enfeignes militaires.
Petit bronze.

N° 13. — ....VS CAE. Tête radiée à droite.

℞. ..DES..... (*Fides Militum*). Même type varié.
Petit bronze.

N° 14. — CASAПTITRICVS C. (*sic*). Buste radié à droite.

℞. VTIЛIM..ƎⱭIꟻ. (*Fides Militum*). La Fidélité debout à
gauche, tenant deux enfeignes militaires.
Petit bronze. — Collection de M. Achille Hoart.

N° 15. — II..TIC... CAES. Tête radiée à droite.

℞. S PIS MI (*sic*). La Fidélité debout à droite, tenant deux
enfeignes militaires.
Petit bronze. — Pièce trouvée à Alger & communiquée
par M. Courbée.

D'autres monnaies de Tétricus père & de Tétricus fils ont été trouvées en Algérie.

N° 16. — C. PIV. ESV. TETRICVS CAES. Buste radié à droite.

℞. HERC. COMITI. Statue d'Hercule debout à gauche, dans un temple tétraſtyle.

Petit bronze. — Collection de l'auteur.

N° 17. — C. PIV. ESV. TETRICVS CAES. Buſte nu-tête à droite.

℞. HILARITAS AVGG. L'Allégreſſe debout à gauche, tenant une palme & une corne d'abondance. A ſes pieds, deux enfants à genoux.

Or. —Académie des Sciences à Turin, *Muſée Lavy*, n° 4061.

N° 18. — C. PIV. .....CVS CAE. Buſte radié à droite.

℞. HILARI.... L'Allégreſſe debout à gauche, tenant une palme & une corne d'abondance.

Petit bronze.

N° 19. — ..I.ES.....CVS CAES. Buſte radié à droite.

℞. ... IARITAS AVG. (*Hilaritas Aug.*). L'Allégreſſe debout à gauche, tenant une palme & une corne d'abondance.

Petit bronze.

N° 20. — C. PIV. E.... VS CΛ... Buſte radié à droite.

℞. HILAR..TⰆS ΛVGG. Même type.

Petit bronze.

N° 21. — ..IV.ESV. TETRICVS. Tête radiée à droite.

℞. HILA... Même type.

Petit bronze.

21ᵃ. — C. PIV.ES...CVS CAES. Buſte radié à droite.

℞. HILARITAS AVGG. L'Allégreſſe debout à gauche, tenant une corne d'abondance.

Petit bronze. — Collection de M. Oppermann.

21ᵇ. — C. PIV. TETRICVS F. AVG. Buſte radié à droite.

℞. HILARI.... AVGG. L'Allégreſſe debout à gauche, tenant une patère & un ſceptre.

Petit bronze. — Collection de M. Joſeph Roman, à Paris.

21ᶜ. — C. PIV. ESV. TETRICVS. CAE. Buſte radié à droite.

℞. LAAITII.. A... (*sic*). L'Allégreſſe debout à gauche, tenant une palme & une corne d'abondance.
Petit bronze. — Collection de l'auteur.

Nᵒ 22. — ..IV. ESV. TETRICV. CAE. Tête radiée à droite.

℞. ƆƆVA ƧΛTIЯ... (*Hilaritas Augg.*). Deux femmes debout, en regard l'une de l'autre, ſous une eſpèce de portique. L'une tient une palme.
Petit bronze. — Cabinet de La Haye.

Nᵒ 23. — C. PIV. ESV. TETRICV. FS. Buſte radié à droite.

℞. IIV...TVS (*Inviĉtus*). Le Soleil marchant à gauche, la main droite levée, la gauche armée d'un fouet. Dans le champ, une étoile.
Petit bronze. — Cabinet de feu M. André Jeuffrain, à Tours.

Nᵒ 24. — PIV. ESV. TETRICVS CAES. Tête radiée à droite.

℞. IO... ATORI (*Jovi Statori*). Jupiter debout à gauche, tenant un ſceptre & peut-être le foudre.
Petit bronze. — Cabinet de France.

Nᵒ 25. — C. PIV. ESV. TETRICVS CAES. Buſte radié à droite.

℞. IOVI...ORI (*Jovi Statori* vel *Viĉtori*). Jupiter debout à gauche, détournant la tête à droite, tenant le ſceptre & le foudre.
Petit bronze. — Collections de MM. Achille Hoart & Jeuffrain.

Nᵒ 26. — PIV. ESV. TETRICVS CAES. Buſte radié à droite.

℞. LAETITIA AVG. La Joie debout à gauche, tenant une couronne & un gouvernail.
Petit bronze.

26ª. — C. P. TETRICVS P. F. AVG. Bufte radié à droite.

℞. LAETI.. AVG. La Joie debout à gauche, tenant une couronne & un fceptre.

Petit bronze. — Collection de M. le docteur Alexandre Colfon, à Noyon.

Nº 27. — ... TET.... Bufte radié à droite.

℞. LAETITIA AVGG. La Joie debout à gauche, tenant une couronne & une ancre.

Petit bronze.

Nº 28. — ..I. E. TETRCIVS (*sic*). Bufte radié à droite.

℞. LETI (*sic*) AVG. La Joie debout à gauche, tenant une ancre & facrifiant fur un autel vers lequel s'élance un ferpent.

Petit bronze. — Collection de feu M. André Jeuffrain, à Tours.

Banduri d'après Mezzabarba & Vaillant ajoutent la légende : LAETITIA AVG. N.

Nº 29. — C. PIV. ESV. TETRICVS CES. Tête radiée à droite.

℞. LATITIA (*sic*) AVG. Vafes & inftruments de facrifice.

Petit bronze. — Collection de M. Achille Hoart.

Nº 30. — C. PIV. E. TETRICVS P. C. Bufte radié à droite.

℞. ..ETITIA. AVGVSTI. Vafes & inftruments de facrifice.

Petit bronze. — Collection de l'auteur.

Nº 31. — C. PIV. ESV. TETRICVS CAES. Bufte radié à droite.

℞. MARS VICTOR. Mars nu & cafqué, marchant à droite, & portant un trophée & une hafte.

Petit bronze. — Collection de l'auteur.

Nº 32. — C. PIV...ETRICVS CAES. Bufte radié à droite.

℞. M....I...IV. (*Mars* vel *Marti Ultori* vel *Victori?*) Mars cafqué, armé d'une hafte & d'un bouclier, marchant à droite.

Petit bronze. — Collection de feu M. André Jeuffrain,
à Tours.

32ª. — ..... TETRICVS CAES. Bufte radié à droite.

℞. MINE ... (*Minerva?*) Perfonnage armé auprès d'un autel,
tenant une patère & une hafte.
Petit bronze. — *Muf. Wiczay Hedervar.*, t. II, n° 2948.

N° 33. — C. PIV. ES. TETR.... ΛES. Bufte radié à droite.

℞. .. ONETA (*Moneta*). La Monnaie debout à gauche, tenant
une corne d'abondance & des balances.
Petit bronze. — Collection de feu M. André Jeuffrain,
à Tours.

33ª. — P. ESV. TETRICVS CAES. Bufte radié à droite.

℞. MON... ΛΛ. Même type de la Monnaie.
Petit bronze. — Collection de M. Jofeph Roman, à Paris.

N° 34. — C. PIV. ESV. TETRICVS CAES. Bufte radié à droite.

℞. NOBILITAS AVGG. La Nobleffe debout à droite, tenant
un fceptre & un globe.
Petit bronze. — Cabinet de France & autres collections.

N° 35. — ... V. ESV. TETRICVS. Bufte radié à droite.

℞. ORIENS AVG. Le Soleil debout à droite, détournant
la tête à gauche, étendant la main droite & tenant un
globe dans la gauche. Dans le champ, P.
Petit bronze. — Cabinet de France.

Il exifte un coin de Becker avec ce type & avec la tête de Poftume. Voir *Poftume*, n° 174.

N° 36. — CAES .....ICVS. Tête radiée à droite.

℞. .. VLIИ (*Oriens*). Le Soleil, la tête radiée, marchant à
gauche, tenant une couronne & un fouet.
Petit bronze. — Collection de M. de la Fontaine.

N° 37. — IIVI. TETRICVS AVG. Bufte radié à droite.

℞. ORIENS AVG. Le Soleil, la tête radiée, marchant à gauche, étendant la main droite & tenant un fouet.
Petit bronze. — Cabinet de Copenhague.

N° 38. — C. PIV. ASV. (*sic*) TETRICVS CAES. Buſte radié à droite.

℞. PAX AVG. La Paix debout à gauche, tenant une branche d'olivier & un ſceptre.
Petit bronze.

N° 39. — C. PIV. ESV. TETRICVS CES. Buſte radié à droite.

℞. PAX .. VG. Même type varié.

Petit bronze. — Collection de l'auteur.

Cette pièce a été trouvée à Billy (Loir-&-Cher).

N° 40. — ..... TETRICVS CAES. Buſte radié à droite.

℞. PA.. AVG. La Paix marchant à gauche, tenant une branche d'olivier & un ſceptre.
Petit bronze. — Cabinet de France.

N° 41. — C. PI. TETRICVS C. Buſte radié à droite.

℞. PAX AVG. La Paix debout à gauche, tenant une branche d'olivier & un ſceptre.
Petit bronze. — Cabinet de Berlin.

N° 42. — PIV. ESV. TETRICVS CAES. Buſte radié à droite.

℞. PAX AVG. La Paix, comme au n° 41; dans le champ, V & une étoile.
Billon. — Collection de M. Oppermann.

N° 43. — ....ETRICVS CAES. Tête radiée à droite.

℞. PAX A... La Paix debout à gauche, tenant une ancre & ſacrifiant ſur un autel, vers lequel s'élance un ſerpent.
Petit bronze. — Collection de M. Achille Hoart.

N° 44. — C. ES. (*Caius* vel *Cæſar Eſuvius*) TETRICVS CAIVS (*sic*). Buſte radié à droite.

℞. PAX. AVG. La Paix debout à gauche, écartant les deux
bras.
Petit bronze. — Collection de M. Achille Hoart.

Nᵒ 45. — CASΛR TITRICVS (*sic*). Buſte radié à droite.
℞. ƆVA XAꟼ. La Paix debout à gauche, tenant une branche
d'olivier & un ſceptre.
Petit bronze. — Collection de M. Achille Hoart.

Nᵒ 46. — C. P. Ɛ. TETRICVS CVES. Buſte radié à droite.
℞. PAS VHG. (*Pax Aug.*). L'Eſpérance debout à gauche,
tenant une fleur & relevant ſa tunique.
Petit bronze. — Cabinet de France.

Nᵒ 47. — C. P. TETRICVS CES. Buſte radié à droite.
℞. PAX AVG. La Paix debout à gauche, tenant une branche
d'olivier & un ſceptre.
Petit bronze.

Nᵒ 48. — C. P. E. TETRICVS CAS. (*sic*). Buſte radié à droite.
℞. CTⱯX. La Paix debout à gauche, détournant la tête à
droite & tenant une couronne & un ſceptre.
Petit bronze.

Nᵒ 49. — INP. (*sic*) C. PIV. ES....CVS CⱯES. Buſte radié à
droite.
℞. PAIIX IIVꙅ (*sic*). La Paix debout à droite, tenant une
branche d'olivier & relevant ſa tunique.
Petit bronze. — Collection de M. Oppermann.

49ᵃ. — CES. TETRICVS CES (*sic*). Buſte radié à droite.
℞. PΛX ΛVG. La Paix debout à gauche, tenant une branche
d'olivier & un ſceptre.
Petit bronze. — Collection de M. Joſeph Roman, à Paris.

49ᵇ. — C. PIV. ESV. TETRICIVS (*sic*) C... Tête radiée à
droite.

℞. PAX ΛVG. L'Efpérance, marchant à gauche, tenant une fleur & relevant fa tunique.

Petit bronze. — Collection de l'auteur.

Le type de la Paix eft auffi fréquent fur les monnaies de Tétricus fils que fur celles du père. J'en ai donné dans mes planches de nombreufes variétés, mais il eft impoffible de les donner toutes. Ainfi on trouve dans le recueil de Banduri le type de la Paix, PAX AVG. avec la palme & la corne d'abondance & les légendes PAX AGG. (*sic*), PVAX AVG. (*sic*).

N° 50. — C. P. E. TETRICVS CAES. Bufte radié à droite.

℞. PIETAS AVGVSTOR. Vafes & inftruments de facrifice. Billon.

N° 51. — C. P. E. TETRICVS CAES. Bufte radié à droite.

℞. PIETΛS AVGVSTOR. Vafes & inftruments de facrifice. Petit bronze.

N° 52. — C. PIV. ESV. TETRICVS CAES. Tête radiée à droite.

℞. PIETAS AVGVSTOR. Vafes & inftruments de facrifice. Billon.

N° 53. — C. PIV. ESV. CAES. Bufte radié à droite.

℞. .. VGVSTOR. Vafes & inftruments de facrifice. Petit bronze.

N° 54. — IIVIP. (*Imp.*) TETRICVS P. F. AVG. Bufte radié à droite.

℞. IΛIV⊂AC. Vafes & inftruments de facrifice. A l'exergue V... II. Petit bronze.

N° 55. — C. P. E. TETRICVS CAES. Bufte radié à droite.

℞. PIETAS AVGG. Vafes & inftruments de facrifice. Petit bronze.

55ᵃ. — IM... T.. TRICVS AVG. CS (*sic*). Bufte radié à droite.

℞. PIETA... La Piété debout à gauche, tenant une fleur & un fceptre.

Petit bronze. — Colleѐtion de M. Oppermann.

Banduri donne encore les légendes : PIETAS AVGVS. & PIETAS AVGVSTI.

N° 56. — C. PIV. ESV. TETRICVS CAES. Buѐte radié à droite.

℞. PRINC. IVVENT. Tétricus fils debout à gauche, en habit militaire, tenant un rameau & une haѐte.
Petit bronze.

N° 57. — C. P. E. TETRICVS CAES. Buѐte radié à droite.

℞. PRINC. IVVENIT. (*sic*). Tétricus fils debout à gauche, tenant un rameau & une haѐte.
Petit bronze.

N° 58. — C. PIV. ESV. TETRICVS CAES. Tête radiée à droite.

℞. PRINC. IVVENT. Tétricus fils debout à gauche, tenant une baguette & une haѐte; près de lui une enѕeigne militaire.
Petit bronze.

N° 59. — Même légende, même tête.

℞. PRINC. IVVENT. Tétricus fils debout à gauche, tenant deux enѕeignes militaires.
Petit bronze.

N° 60. — C. P. ESV. TETRIC... Buѐte radié à droite.

℞. IVVENT. Tétricus fils marchant à droite & tenant une haѐte.
Petit bronze. — Muѕée de Genève.

60ª. — PIV. ESV. TETRICVS CAES. Buѐte radié à droite.

℞. PRIN.....VEN.... (*Principi Juventutis*). Tétricus fils debout à gauche, tenant une baguette & une haѐte.
Petit bronze. — Colleѐtion de M. Oppermann.

N° 61. — C. PIV. ESV. TETRICVS CAES. Buѐte radié à droite.

℞. ...ROVIDENTIA AVGG. La Providence debout à

gauche, tenant un gouvernail (?) & une corne d'abondance.
Petit bronze.

N° 62. — PIV. ESV. TETRICVS CAES. Buſte radié à droite.

℟. ...VIDENTIA. AVG. La Providence debout à gauche, tenant un globe & un ſceptre. Devant elle un ſerpent, à ce qu'il paraît.
Petit bronze.

N° 63. — C. P. .....VS CAE.. Buſte radié à droite.

℟. PROVID. AVG. Vaſes & inſtruments de ſacrifice.
Petit bronze. — Collection de M. Ch. Robert.

N° 64. — C. PIV. ES. TERICVS (sic) CA... Buſte radié à droite.

℟. SALVS AVGG. La Santé debout à gauche, appuyée ſur un ſceptre & ſacrifiant ſur un autel près duquel eſt un ſerpent.
Petit bronze.

N° 65. — ... TETRICVS L. F. AVG. Tête radiée à droite.

℟. SALVS AVGG. La Santé debout à gauche, tenant une ancre & ſacrifiant ſur un autel vers lequel s'élance un ſerpent.
Petit bronze.

65*. — PIV. ESV. TETRICVS CAES. Buſte radié à droite.

℟. SALV... AVGG. La Santé debout à gauche, tenant une ancre & ſacrifiant ſur un autel, comme au n° précédent.
Petit bronze. — Collection de M. Mandar, à Orléans.

N° 66. — IMP. C. TETRICVS.... Tête radiée à droite.

℟. SALVS A.... La Santé debout à gauche, tenant une haſte & une enſeigne militaire.
Petit bronze.

N° 67. — ..MP. C. TETRICVS C.. Tête radiée à droite.

℟. SALV..... VGG. Mars casqué debout à droite, tenant une haste & un bouclier.
Petit bronze. — Cabinet de France.

N° 68. — PIV. EIV (*sic*) TET... ICV... S. Buste radié à droite.
℟. ...VS ΛV. (*Salus Aug.*). Præfericulum entre deux branches de laurier.
Petit bronze.

N° 69. — PV (*sic*) ESV.. TITRICVS (*sic*). Tête radiée à droite.
℟. SA... AVGG. Vases & instruments de sacrifice.
Petit bronze.

69ᵃ. — C. PIV. ES. TETRICVS CAES. Buste radié à droite.
℟. SALVS AVGG. La Santé debout, tenant un serpent dans ses mains.
Petit bronze. — Banduri.

69ᵇ. — C. PIV. ESV. TETRICVS CAES. Buste radié à droite.
℟. SALVS AVGG. Victoire debout à gauche, tenant une couronne & une palme.
Petit bronze. — Banduri.

Banduri décrit encore plusieurs autres types de *Salus* avec de légères variétés.

69ᶜ. — .... TETRICVS CAESAR. Buste radié à droite.
℟. SECVLVM. Autel allumé.
Petit bronze. — Collection de l'auteur. — *Cat. d'Ennery*, n° 4433.

69ᵈ. — IMP. TET.... Buste radié à droite.
℟. ..... ECVLOM. Autel allumé.
Petit bronze. — Collection de l'auteur.

69ᵉ. — C. PIV. TETRICVS A. Buste radié à droite.
℟. SOLI CONSER. Centaure tenant un arc.
Petit bronze. — Banduri.

Nº 70. — C. P. ES. TETRICVS CAES. Buſte nu-tête à droite.

℞. SPES AVGG. L'Eſpérance marchant à gauche, tenant une fleur & relevant ſa tunique.

Or. — Cabinet de France. — Caylus, 963. — *Cat. Thomas*, n° 2735.

70ª. — C. P. ESV. TETRICVS CAES. Buſte nu-tête à droite

℞. SPES AVG.... Même type de l'Eſpérance.

Or. — Cabinet de Berlin.

Il exiſte un coin de Becker.

Nº 71. — C. P. ES. TETRICVS CAES. Buſte nu-tête à droite, avec le manteau impérial.

℞. SPES AVGG. Même type de l'Eſpérance.

Or. — Muſée Britannique.

Nº 72. — C. P. ESV. TETRICVS CAES. Buſte nu-tête à droite, avec le manteau impérial.

℞. SPES AVGG. Même type de l'Eſpérance.

Or. — Collection de M. Dupré, puis de M. Wigan, à Londres. — *Mus. Wiczay Hedervar.*, t. II, n° 508, tab. II, n° 20.

Cette pièce a été trouvée à Sens.

Nº 73. — C. PIV. ESV. TETRICVS CAES. Buſte radié à droite.

℞. SPES AVGG. Même type de l'Eſpérance.

Billon.

73ª. — C. PIV. ESV. TETRICVS C. AVG. Buſte radié à droite.

℞. SPES AVGG. Même type de l'Eſpérance.

Or, quinaire. — Mionnet. — Autrefois du Cabinet de France.

Cette pièce était entrée au Cabinet en 1816, par échange avec M. E. Durand.

Nº 74. — C. E. P. TETRICVS CAES. Buſte radié à droite.

℞. SPES AVGG. Même type de l'Efpérance.
Petit bronze.

Nº 75. — C. PIV. ESV. TETRICVS... Bufte radié à gauche.

℞. SPES AVGG. Même type de l'Efpérance.
Petit bronze. — Collections de M. Oppermann & de l'auteur.

Nº 76. — C. PIV. ESV. TETRI..... Bufte radié à droite.

℞. SPES. L'Efpérance marchant à gauche & tenant une fleur.
Petit bronze.

Nº 77. — C...... TETRICV... Bufte radié à droite.

℞. SPES ΛVGG. L'Efpérance marchant à gauche, tenant une fleur & relevant fa tunique.
Petit bronze.

Nº 78. — C. P. ESV. TETRICVS CAES. Bufte nu-tête à droite.

℞. SPEI PERPETVAE. L'Efpérance marchant à gauche, tenant une fleur & relevant fa tunique.
Or. — Collections de MM. Bourgeois Thierry, à Suippe, & de M. Dupré, puis de M. Wigan, à Londres. — *Numif-matic Chronicle*, new feries, t. V, 1865, pl. VII, nº 1.

Nº 79. — C. PIV. ESV. TETRICVS CAES. Bufte nu-tête à droite.

℞. SPES PVBLICA. Même type de l'Efpérance.
Or. — Collection de M. Dupré, puis de M. Wigan, à Londres. — *Numifmatic Chronicle*, new feries, t. V, 1865, pl. VII, nº 2.

Cette pièce a été trouvée à Mayence.

Nº 80. — C. P. ES. TETRICVS CAES. Bufte nu-tête à droite.

℞. SPES PVBLICA. Même type de l'Efpérance.
Or. — Cabinet de Vienne. — J. de France, *Cimelium*

Auſtr. Vindob. tab. IV, n° 22. — Khell, *Ad numiſm. Impp. Rom. aurea & argentea a Vaillantio edita Suppl.*, p. 202.

N° 81. — C. PIV. ESV. TETRICVS CAES. Buſte radié à droite.

℞. SPES PVBLICA. Même type de l'Eſpérance, ſi ce n'eſt qu'elle eſt vêtue d'une tunique courte.
Petit bronze.

N° 82. — IMP. TETRICVS P. F. AVG. Tête radiée à droite.

℞. SPES PVBLICA. Même type de l'Eſpérance.
Petit bronze.

N° 83. — M. T. CI AVG. Tête radiée à droite.

℞. ...V... VΛECO. (*sic*). L'Eſpérance debout à gauche, tenant une fleur & relevant ſa tunique.
Petit bronze.

N° 84. — ...VS..AES. Tête radiée à droite.

℞. ......SCV. L'Eſpérance marchant à droite, tenant une fleur & relevant ſa tunique.
Petit bronze. — Collection de M. Achille Hoart.

N° 85. — CAESA. PIV. ESV. TETRICVS CAES. Buſte radié à droite.

℞. VBERTAS AVG. La Fécondité debout à gauche, tenant un pis de vache & une corne d'abondance.
Petit bronze. — Collection de l'auteur.

N° 86. — ...P. ESV. TETRICVS CAES. Buſte radié à droite.

℞. VBERTAS AVG. Même type de la Fécondité.
Petit bronze. — Cabinet de France.

N° 87. — C. PIV. ESV. TETRICVS CAE. Buſte radié à droite.

℞. VICT... Victoire debout à gauche, tenant une couronne & une palme.
Petit bronze.

N° 88. — C. PIV. ESV..... Bufte radié à droite.

    ℞. VICT.... Victoire fans ailes, marchant à gauche, tenant une couronne & une palme.
Petit bronze. — Cabinet de France.

N° 89. — P. ES. TETRICVS CAS. (*sic*). Bufte radié à droite.

    ℞. VICTOR... Victoire marchant à gauche, tenant une couronne & une palme.
Petit bronze.

N° 90. — PIVS TETRICVS A. Bufte radié à droite.

    ℞. VICT... Victoire fans ailes, debout à gauche, tenant une couronne & un fceptre.
Petit bronze. — Collection de M. Achille Hoart.

N° 91. — IMP. TETRICVS CAES. Bufte radié à droite.

    ℞. VCTORI..... VG. (*sic*). Victoire fans ailes, marchant à gauche, tenant une couronne & une palme.
Petit bronze.

N° 92. — IMP. TETRICV... Tête radiée à droite.

    ℞. Ɔ. ƆIV. Victoire fans ailes, debout à gauche, appuyée fur un fceptre. Dans le champ, Є.
Petit bronze. — Cabinet de France.

N° 93. — IMP. TETRIC... Tête radiée à droite.

    ℞. VICT... GG. (*Victoria Augg.*). Victoire fans ailes, debout à gauche, tenant un bouclier (?) & un fceptre.
Petit bronze.

N° 94. — C. P. ES. TETRICVS CAES. Bufte radié à droite.

    ℞. VIRTVS AVGG. Mars cafqué debout à gauche, tenant un bouclier & une hafte.
Petit bronze.

N° 95. — C. PIV. ESV. TETRICVS. Tête radiée à droite.

℞. VIRTVS AVG. Même type de Mars.
Petit bronze.

N° 96. — C. TƐTRICVS CES. (*sic*). Buſte radié à droite.

℞. VIRTVS AVG. Même type de Mars.
Petit bronze.

N° 97. — C. PIV. ESV. TETRICVS C. F. AVG. Buſte radié à droite.

℞. VIRTV.. AVG. La Fidélité debout à gauche, tenant deux enſeignes militaires.
Petit bronze. — Collection de l'auteur.

97ª. — IMP. C. TETRICVS. Buſte radié à droite.

℞. ...IRTVS AV..... La Fidélité debout à gauche, tenant deux enſeignes militaires.
Petit bronze.

N° 98. — C. P. E. TETRICVS. Tête radiée à droite.

℞. VOⱢ (*Vota?*). Præfericulum.
Petit bronze. — Cabinet de France.

N° 99. — C. PIV. TETRICVS CAES. Buſte radié à droite.

℞. Ll..... VOⱯꟼ. Femme debout à gauche, tenant un ſceptre & peut-être une corne d'abondance. Devant elle, une eſpèce de croix +.
Petit bronze. — Collection de M. Oppermann.

N° 100. — C. TETRCV... Buſte radié à droite.

℞. I..... IIIS AVGG. (*Nobilitas Augg?*). Femme debout à droite, tenant un globe.
Petit bronze.

N° 101. — ⅃ΓⅠΨⅠꟼⅠꟼVIIIIΛ⅃. Buſte radié à gauche.

℞. ..S AVGG. Femme debout à gauche, tenant une ancre & ſacrifiant ſur un autel.
Petit bronze. — Collection de M. Achille Hoart.

N° 102. — C. P..V. ESV. TETRICVS CES. (*sic*). Buſte radié à
    droite.

    ℟. ..GG. AIⱵSⱯ.. Femme debout à gauche, tenant une
    couronne & une palme.
    Petit bronze.

N° 103. — ...VS N C PV.... Buſte radié à droite.

    ℟. ꝰⱯG. Femme debout à gauche, tenant une patère & un
    ſceptre.
    Petit bronze.

N° 104. — ....EVRICVS PIⱯ. Tête radiée à droite.

    ℟. II. Femme debout à gauche, tenant un rameau.
    Petit bronze.

N° 105. — ....P. TETRICVS CAES. Tête radiée à droite.

    ℟. II... G. Femme debout à gauche, tenant une fleur & une
    palme. Devant elle un autel.
    Petit bronze. — Collection de M. Achille Hoart.

N° 106. — PIV IC TITRICVS A. (*sic*). Buſte radié à droite.

    ℟. AA. Femme debout à gauche, tenant un bouclier & une
    enſeigne militaire.
    Petit bronze.

N° 107. — IⱲ ICIEⱯRIIC. Buſte radié à droite.

    ℟. II JI II. Femme debout à gauche, tenant deux enſeignes
    militaires, type dégénéré de la Fidélité.
    Petit bronze.

N° 108. — ..... TETRICVS AVG. Buſte radié à droite.

    ℟. VTPLNGⱯ. Femme debout à gauche, tenant un bou-
    clier & un ſceptre.
    Petit bronze.

N° 109. — C....II S. Buſte radié à droite.

℞. Ɔ...ƎVIЯƆ. Femme debout à gauche, tenant une fleur & une enfeigne militaire.

Petit bronze. — Collection de M. Oppermann.

N° 110. — ....ETRICVS CAE. Bufte radié à droite.

℞. C √TIVIΛ. Temple hexaftyle, dans lequel eft une ftatue debout.

Petit bronze. — Collection de M. Roach Smith, à Strood, près Rochefter, comté de Kent.

N° 111. — C. PIV. ES. TETRICVS AV. Bufte radié à droite.

℞. S S S T. Neptune marchant à gauche, & tenant un trident.

Petit bronze.

N° 112. — IMP. C.....ETRIC... Bufte radié à droite.

℞. VS IΛ. Perfonnage nu, marchant à droite, & tenant deux bâtons, à ce qu'il paraît.

Petit bronze.

N° 113. — IΛΛ E. C. TETRICVS P. Γ. Bufte radié à droite.

℞. SVƆVS. Mercure (?) nu, debout à gauche, tenant un caducée.

Petit bronze.

N° 114. — ...ICVS. Tête radiée à droite.

℞. Perfonnage nu, marchant à gauche, & armé d'une hafte.

Petit bronze. — Collection de M. Ch. Robert.

N° 115. — C. E..G. Tête radiée à droite.

℞. Ɔ..O>. Chèvre à gauche.

Petit bronze. — Collection de M. Ch. Robert.

N° 116. — ... ΛVG. Tête radiée à droite.

℞. S. Chèvre à gauche.

Petit bronze. — Collection de M. Ch. Robert.

N° 117. — ....CVS CAE. Bufte radié à droite.

℞. La déeſſe Epona à cheval, marchant à gauche.
Petit bronze. — Collection de M. Ch. Robert.

Nº 118. — ... P. ESV. TITRICVS (*sic*). Tête radiée à droite.

℞. ΛICSΛOTIΛVO. Autel (?). Il ſemble qu'il y ait une ſurfrappe; au-deſſus de l'autel paraît un buſte de femme (?).
Petit bronze. — Cabinet de France.

Nº 119. — ...TETRICVS AVGG. Buſte radié à droite.

℞. C. TETICVS CAE. (*sic*). Vaſes & inſtruments de ſacrifice.
Petit bronze. — Collection de M. Oppermann.

Nº 120. — CV...VS ΛVG. Tête radiée à droite.

℞. I. Vaſes & inſtruments de ſacrifice.
Petit bronze.

Nº 121. — TE...CVS. Buſte radié à droite, & ſurfrappe d'une ſeconde tête dont on voit le profil au-deſſous du buſte.

℞. 2...G. Præfericulum.
Petit bronze. — Collection de l'auteur.

Nº 122. — ....C. TETR.... Tête radiée à droite.

℞. Deux perſonnages debout, vus de face & placés ſous des arcades ſoutenues par des colonnes.
Petit bronze. — Collection de M. Oppermann.

Nº 123. — IM... TETR.... Buſte radié à droite.

℞. Perſonnage debout à droite tenant un ſceptre.
Petit bronze. — Collection de M. Oppermann.

Nº 124. — VIVI...... CVC. AC. (*sic*). Buſte radié à droite.

℞. bVX AVVG. (*sic*, pour *Pax Augg.*). L'Eſpérance debout à gauche, tenant une fleur & relevant ſa tunique.
Petit bronze.

Nº 125. — IMP. C....RICVS... Buſte radié à droite.

℞. S.... ΛVG. Femme debout à gauche, étendant la main droite & tenant une haſte, type de la Paix.
Petit bronze.

Comme pour Tétricus père, il exiſte un certain nombre de pièces barbares à l'effigie de Tétricus fils. J'en ai donné des exemples dans la planche XLIX; mais il eſt impoſſible de faire graver toutes les pièces de fabrique barbare que l'on rencontre, quoique pour Tétricus fils le nombre en ſoit infiniment moins conſidérable que pour Tétricus père.

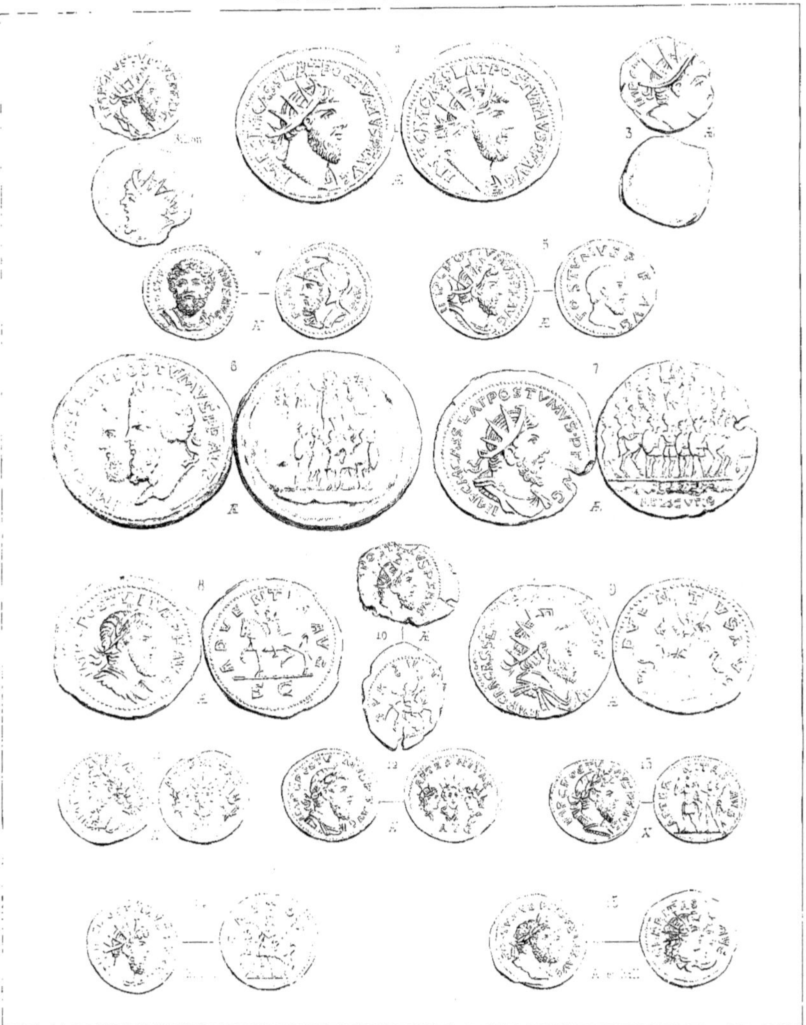

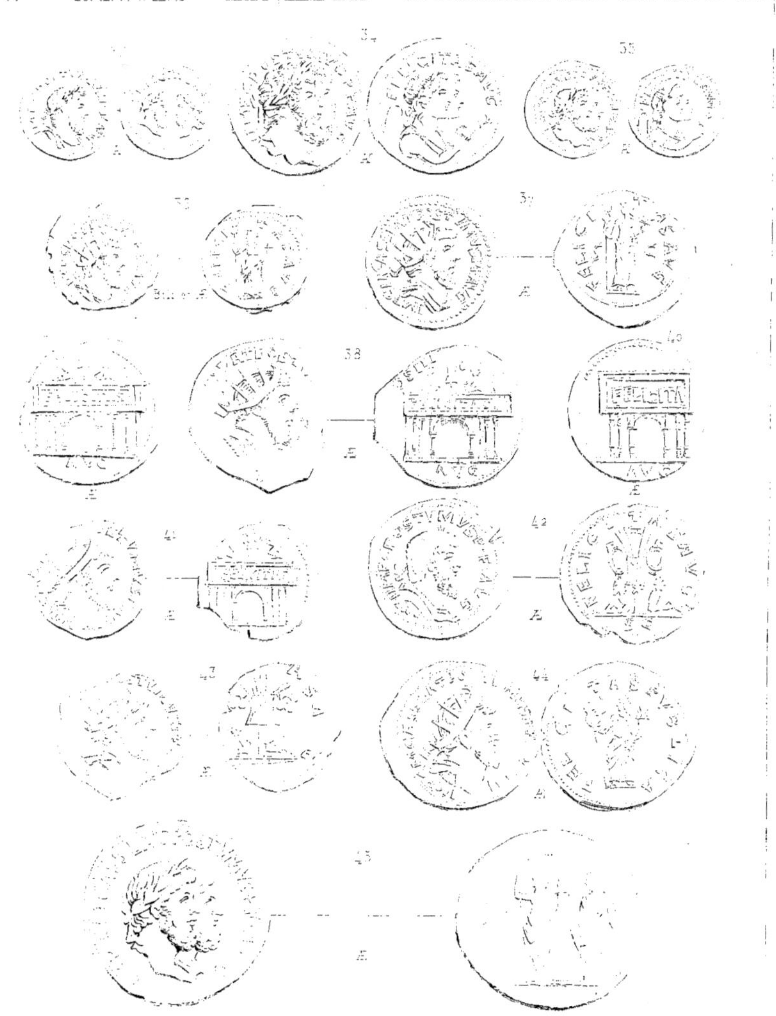

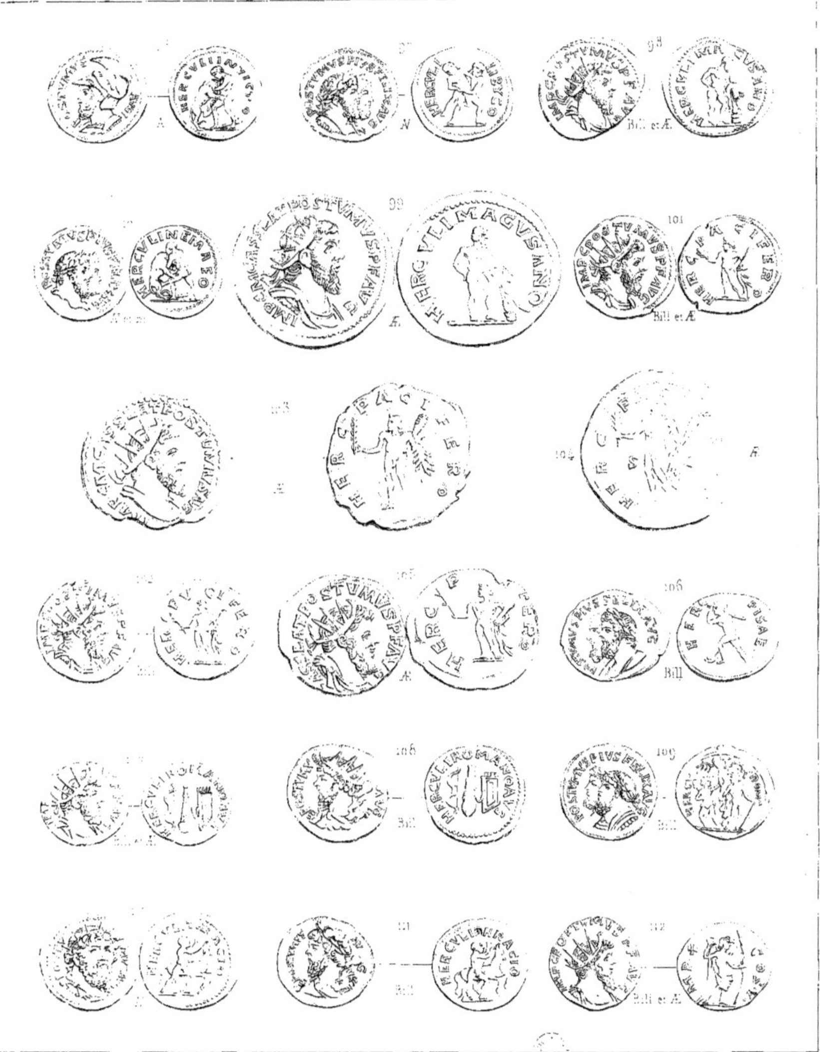

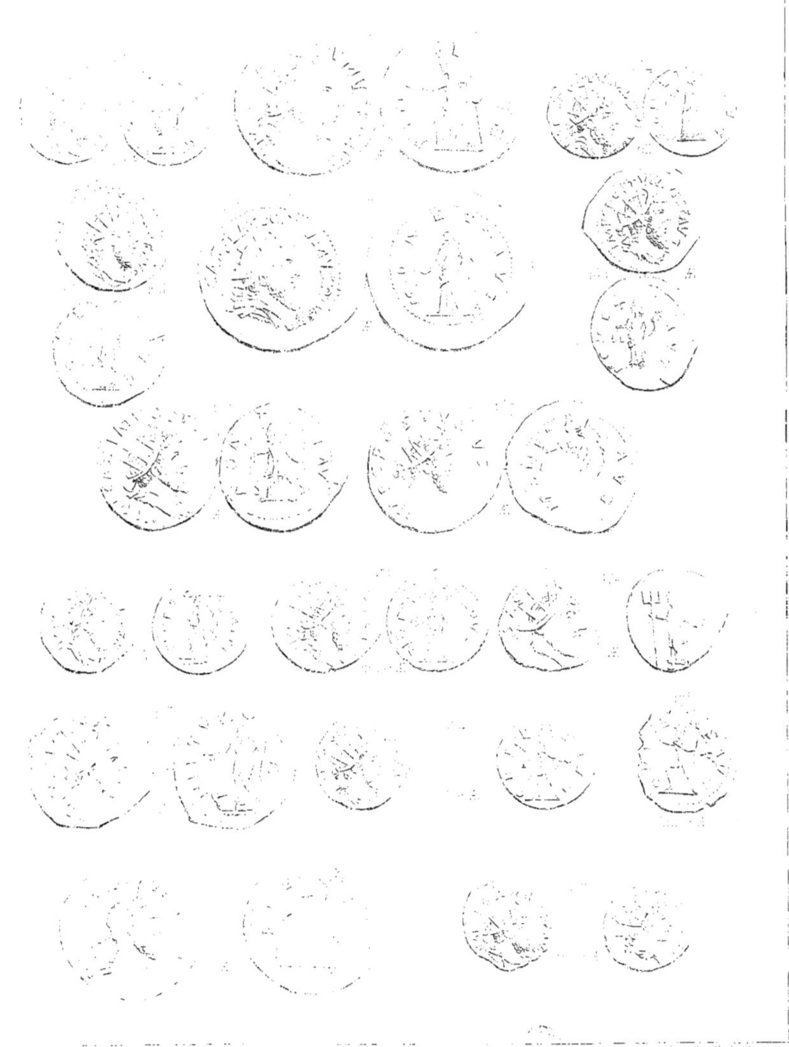

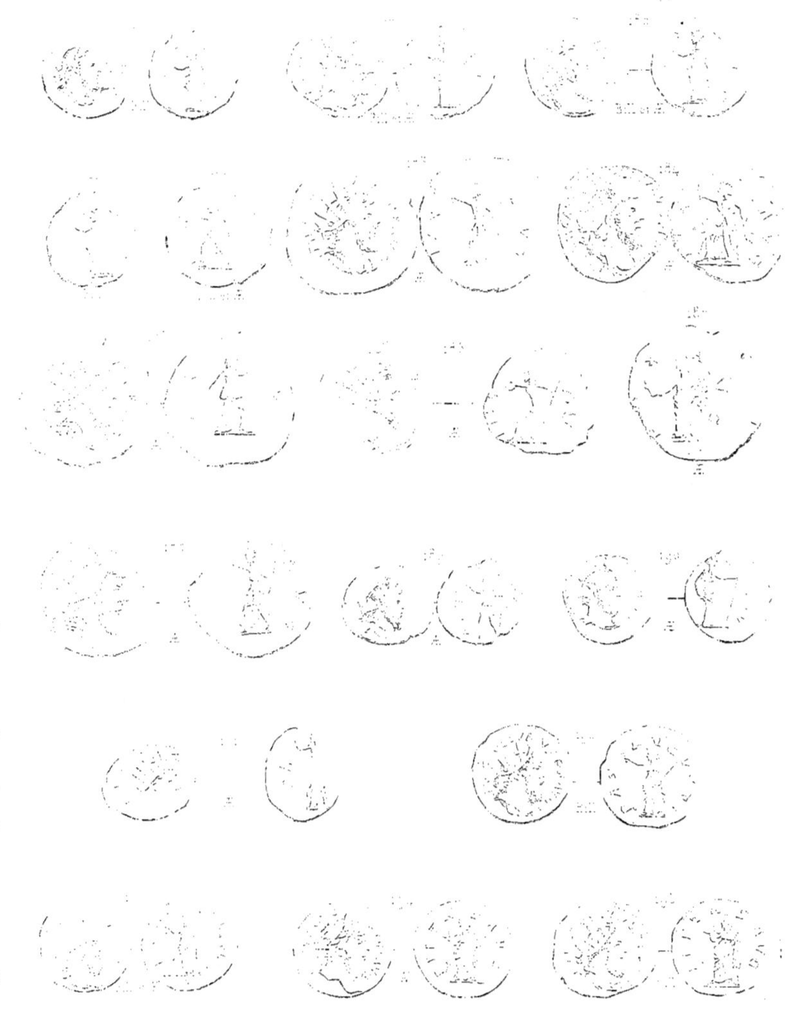

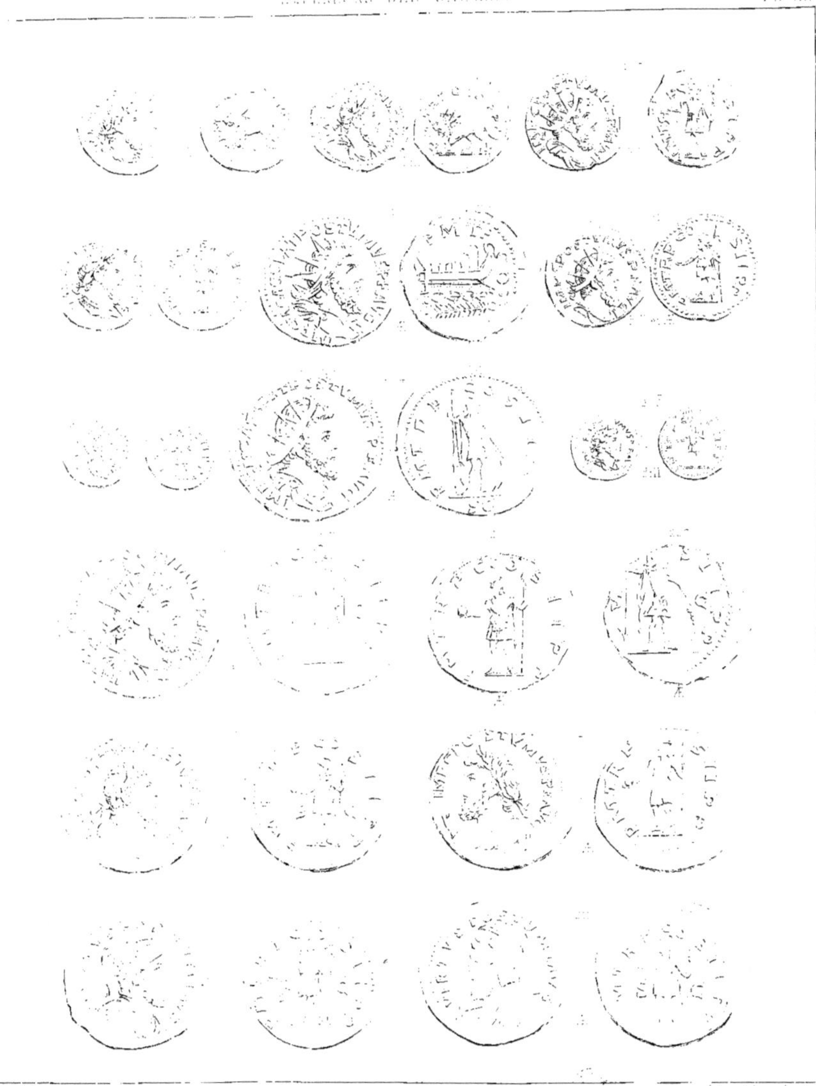

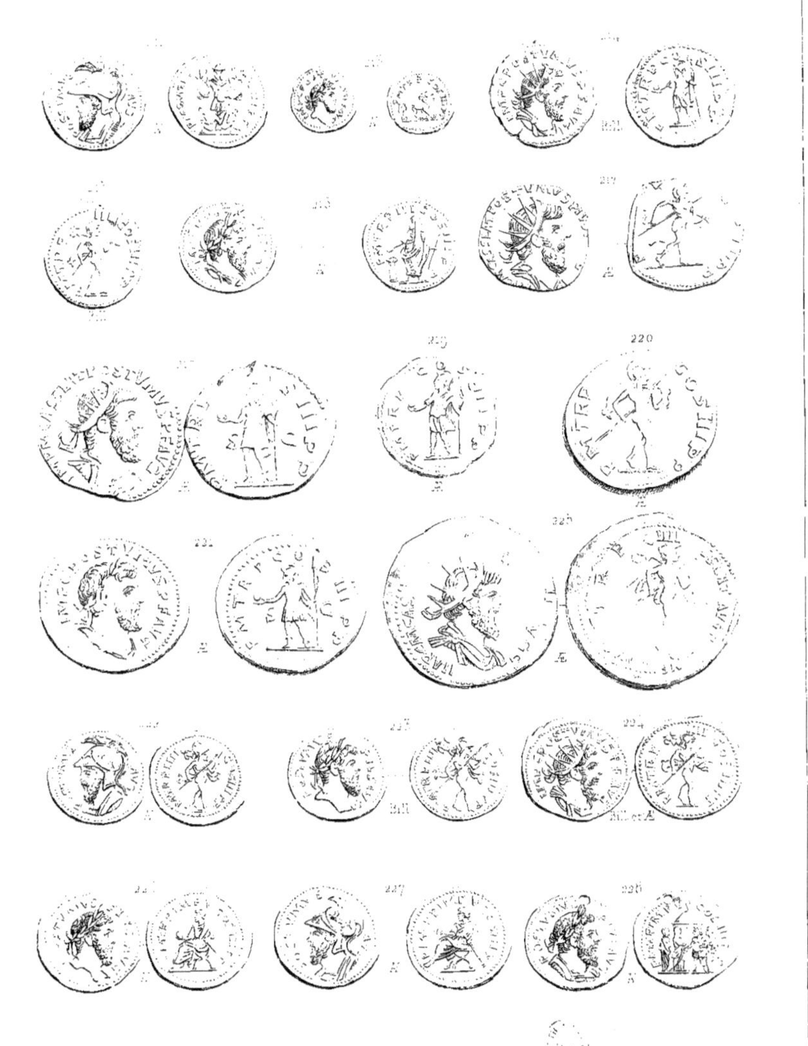

POSTUME

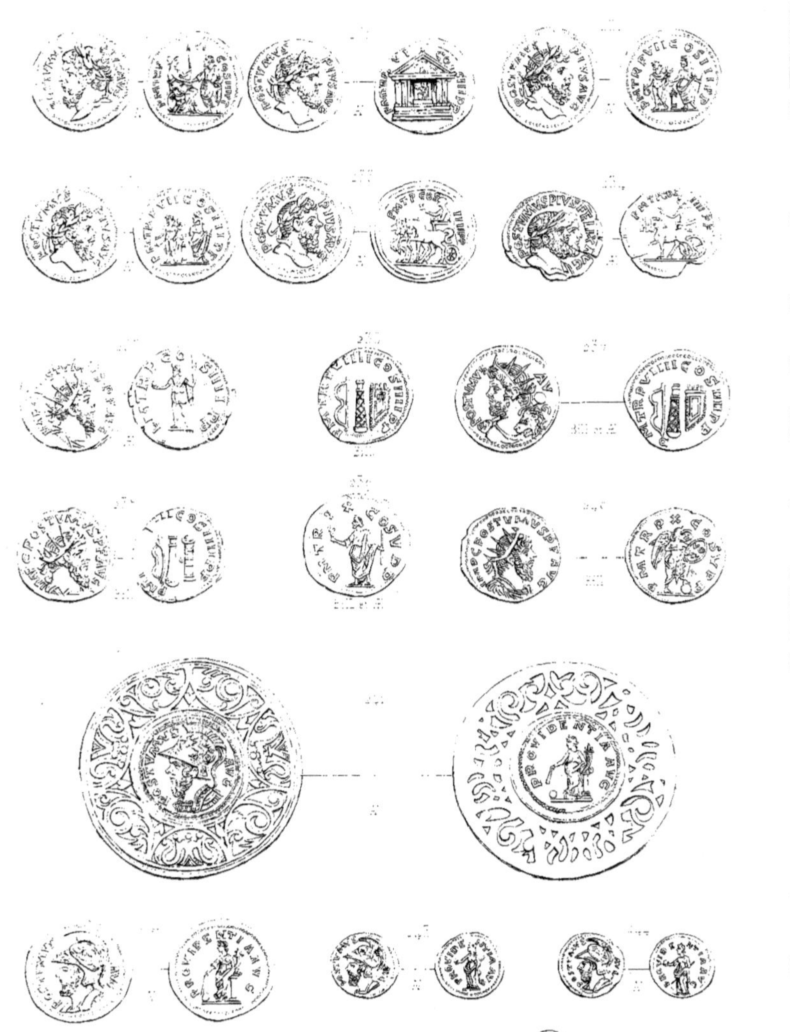

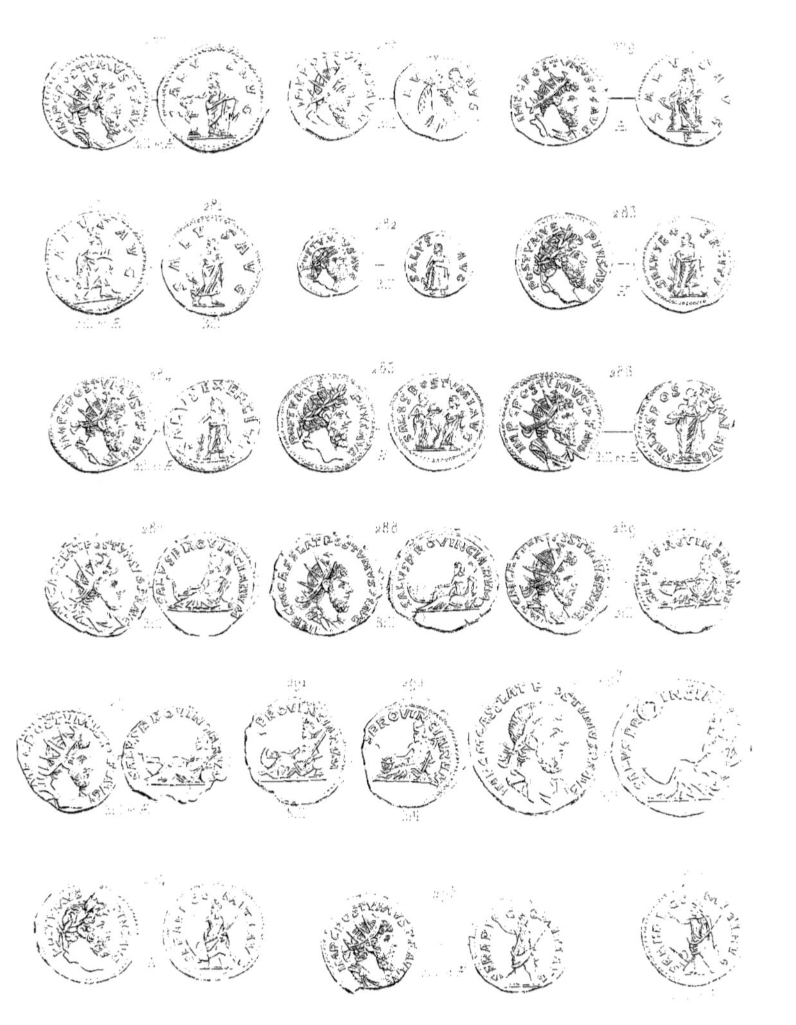

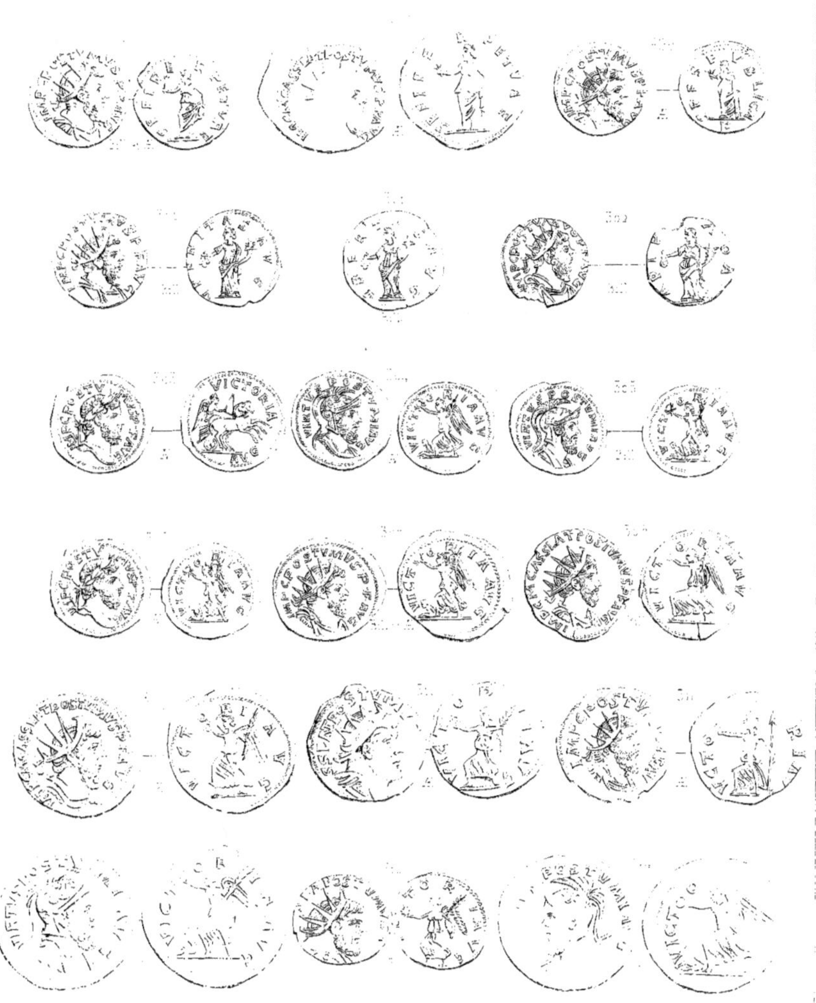

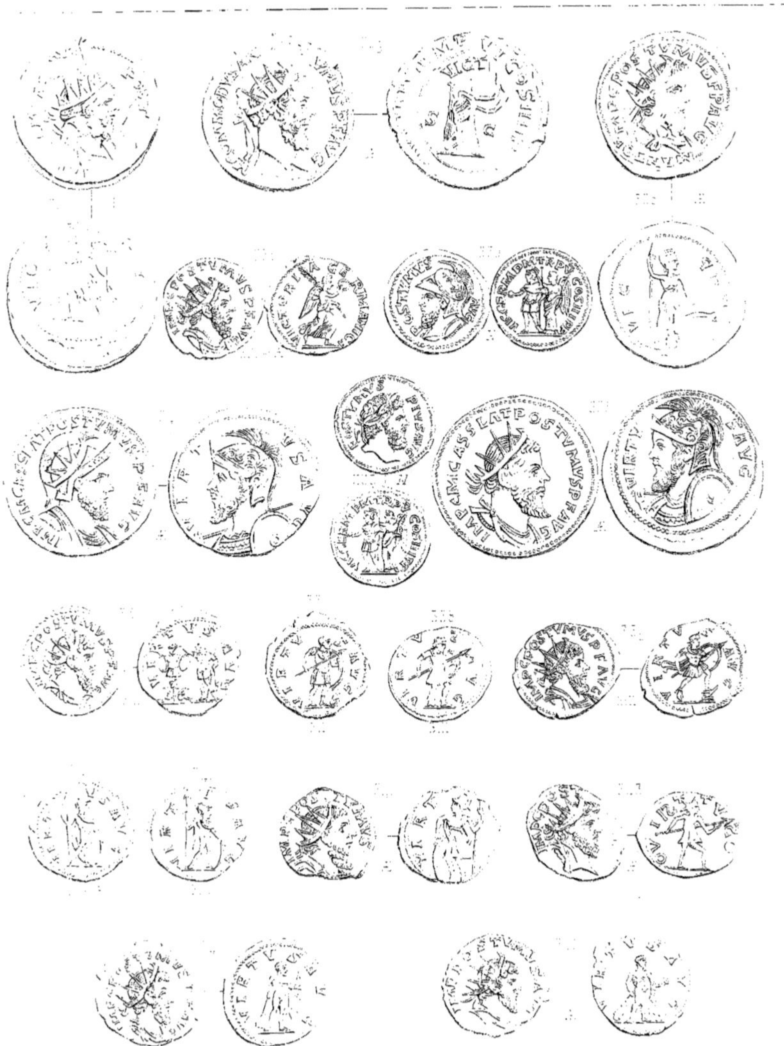

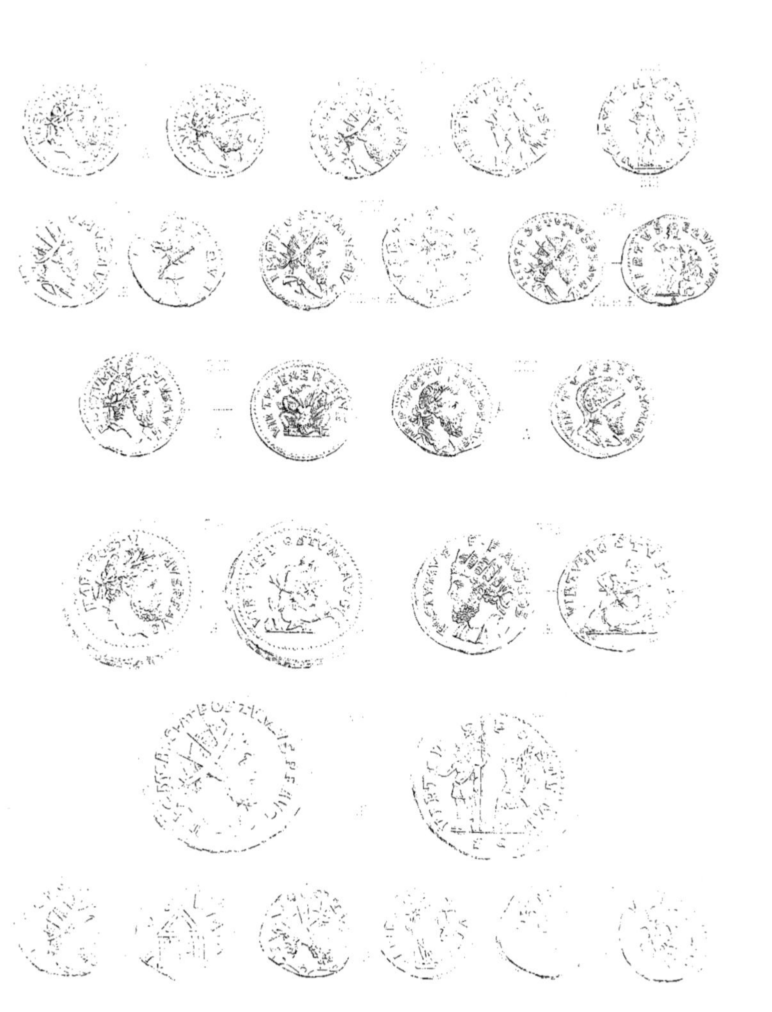

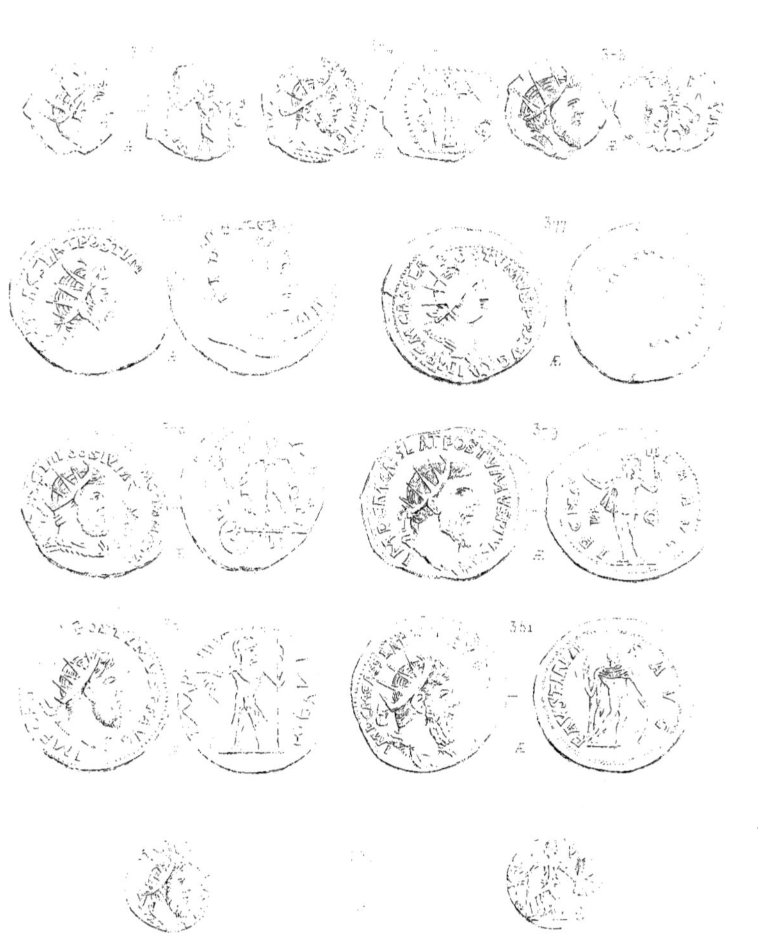

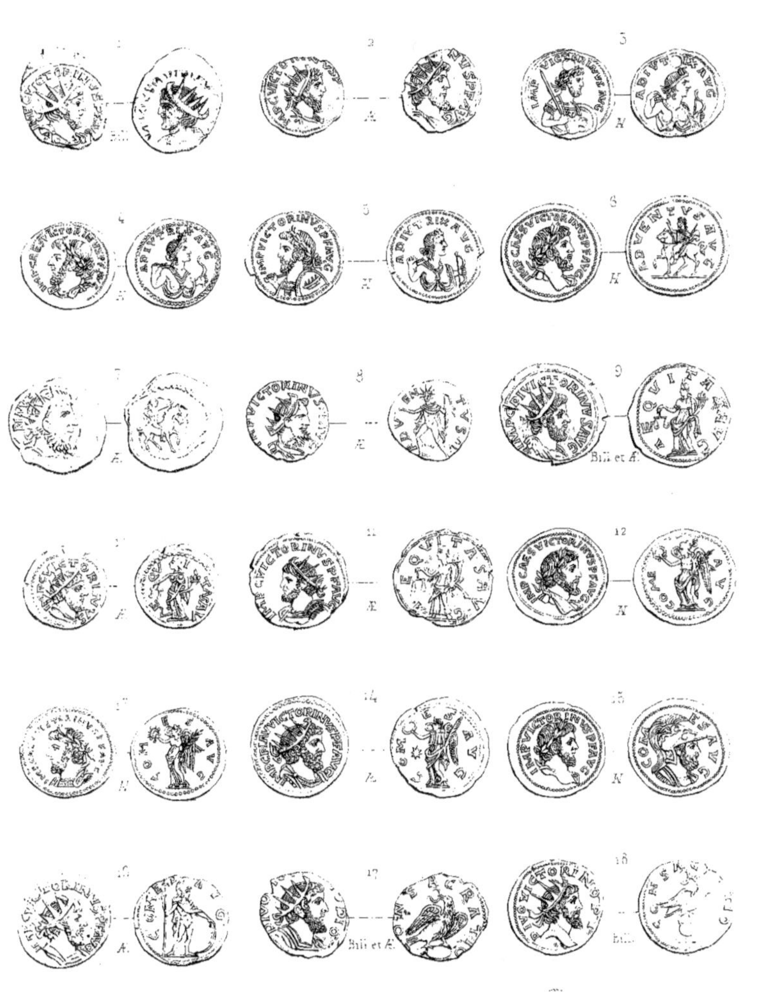

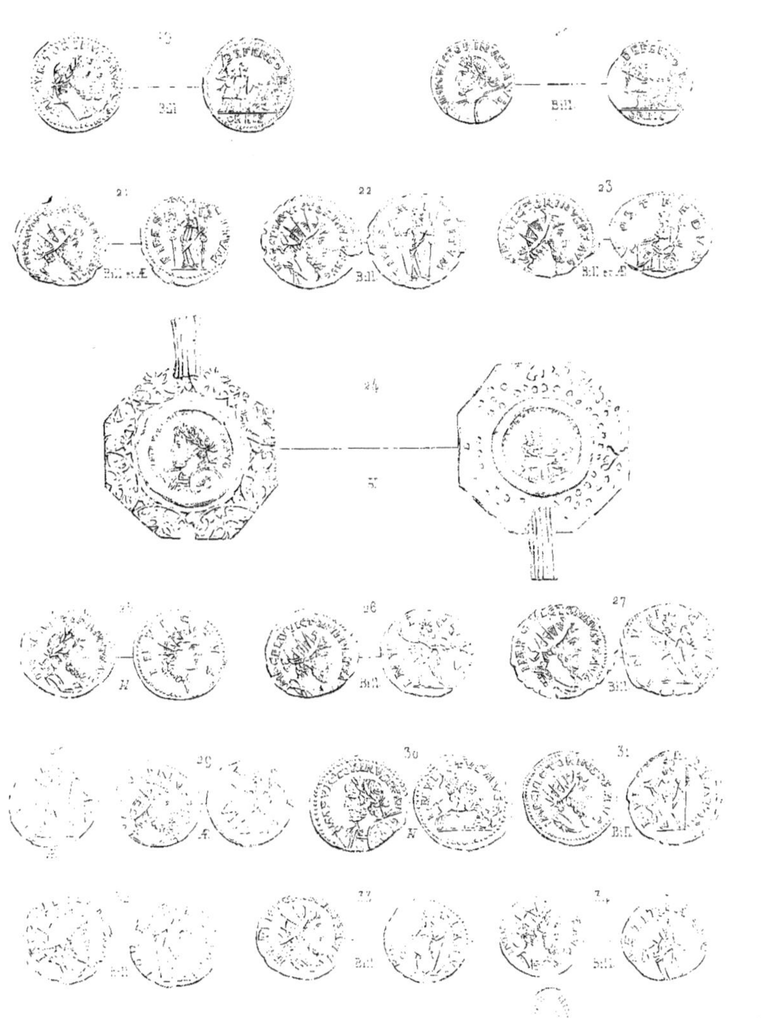

VICTORIN

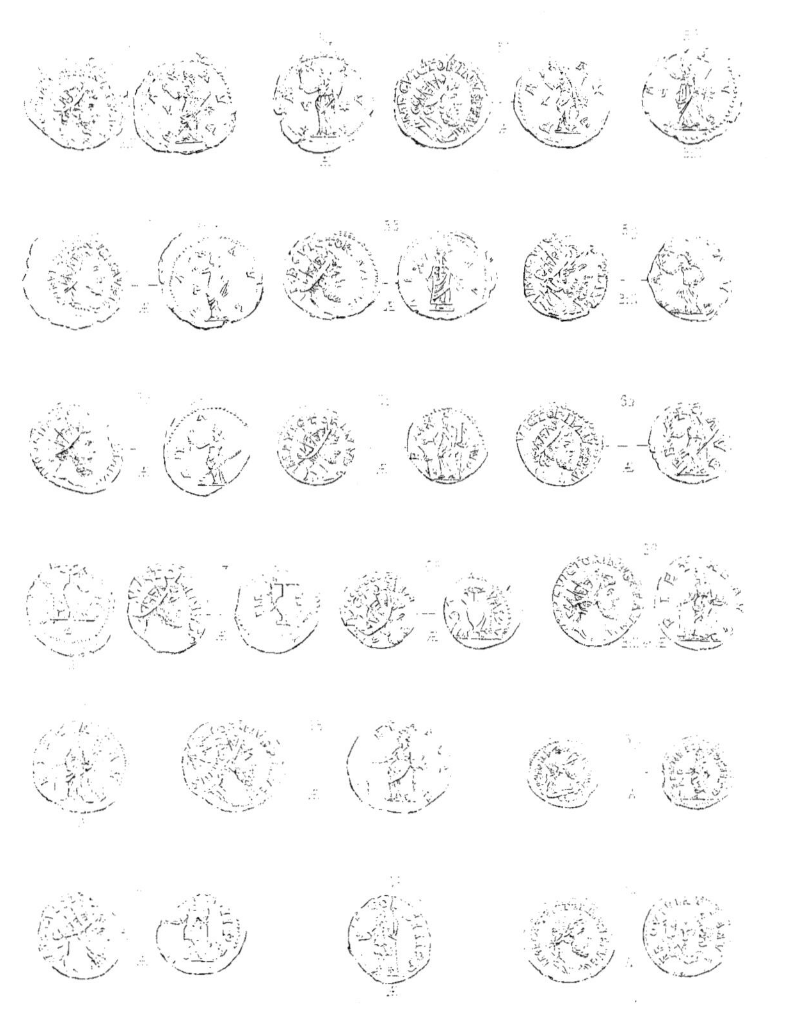

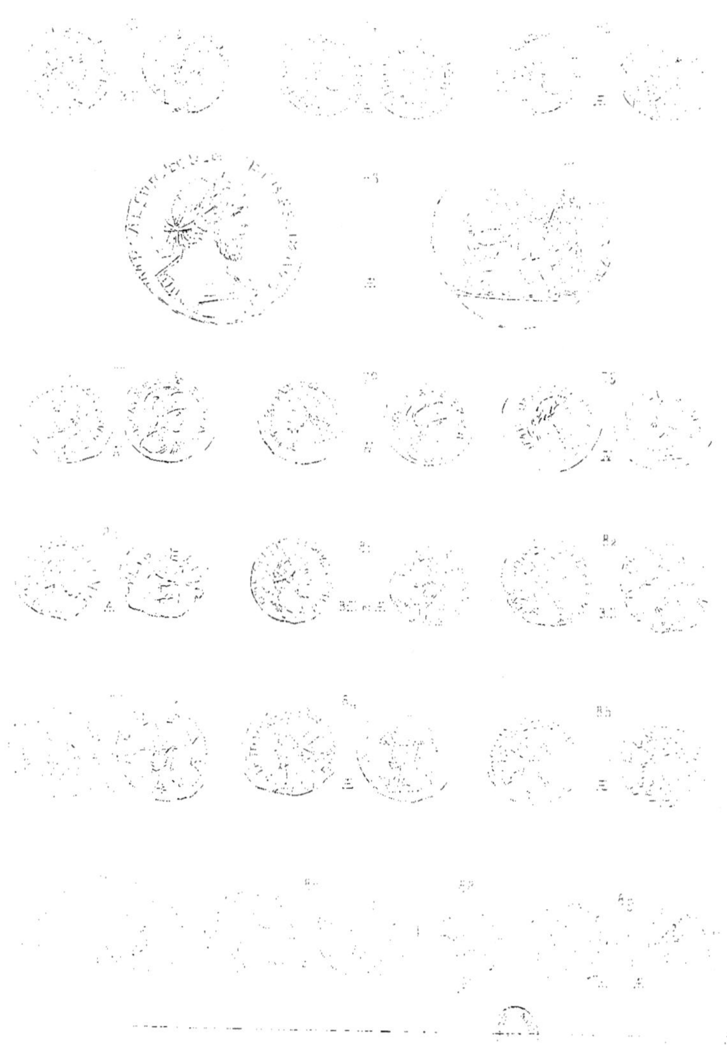

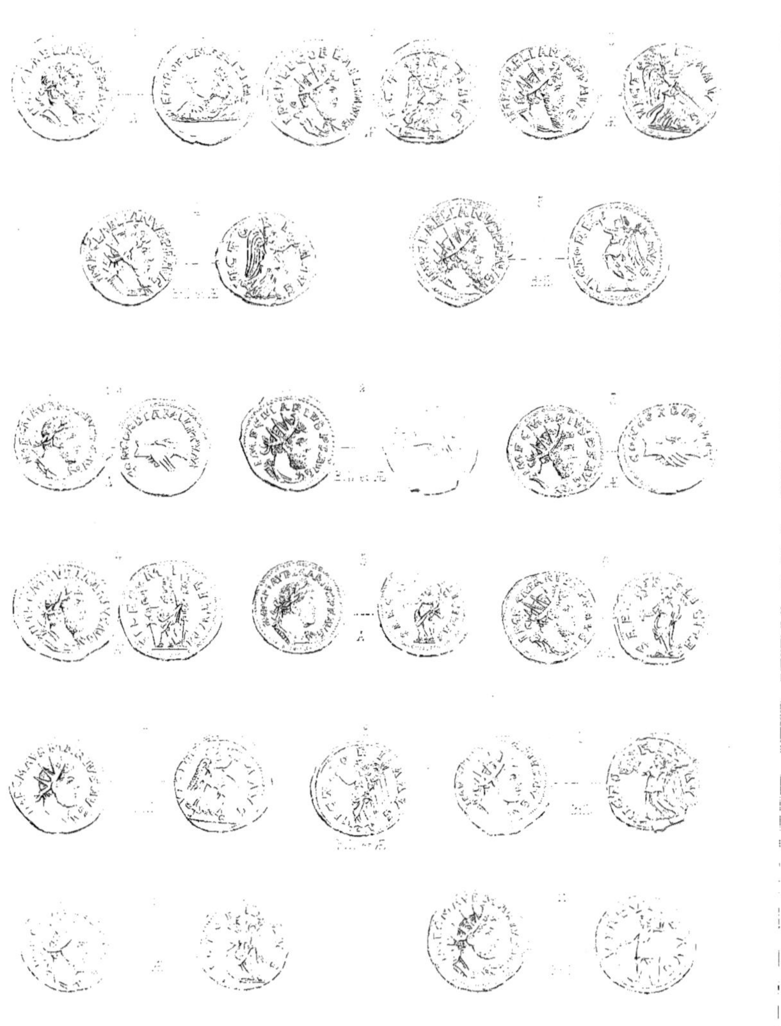

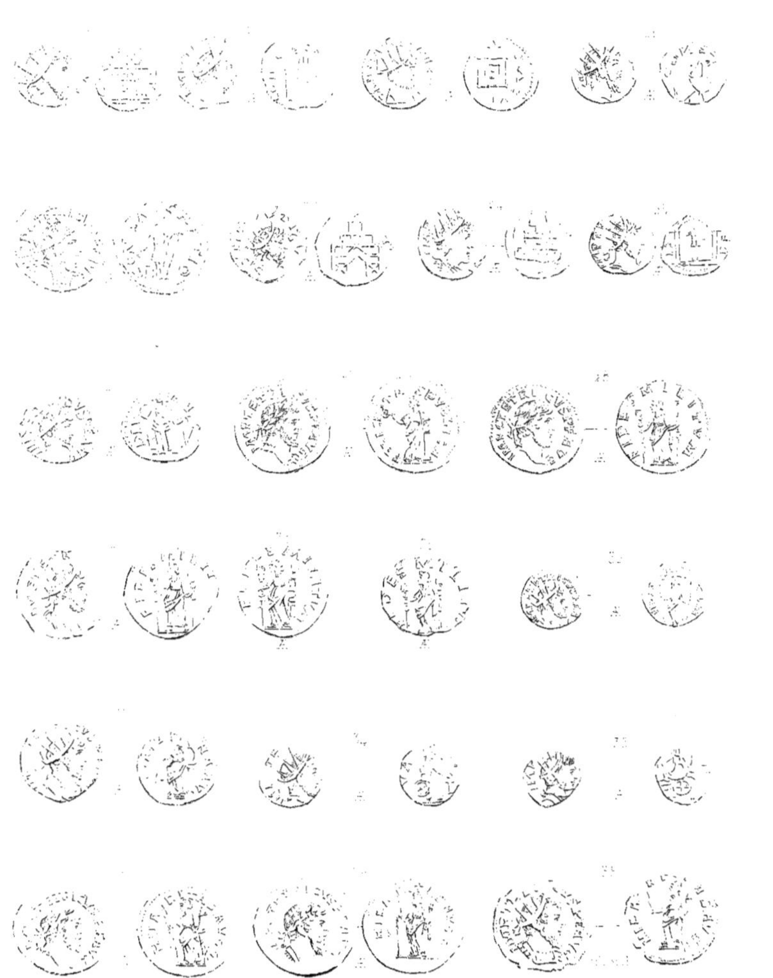

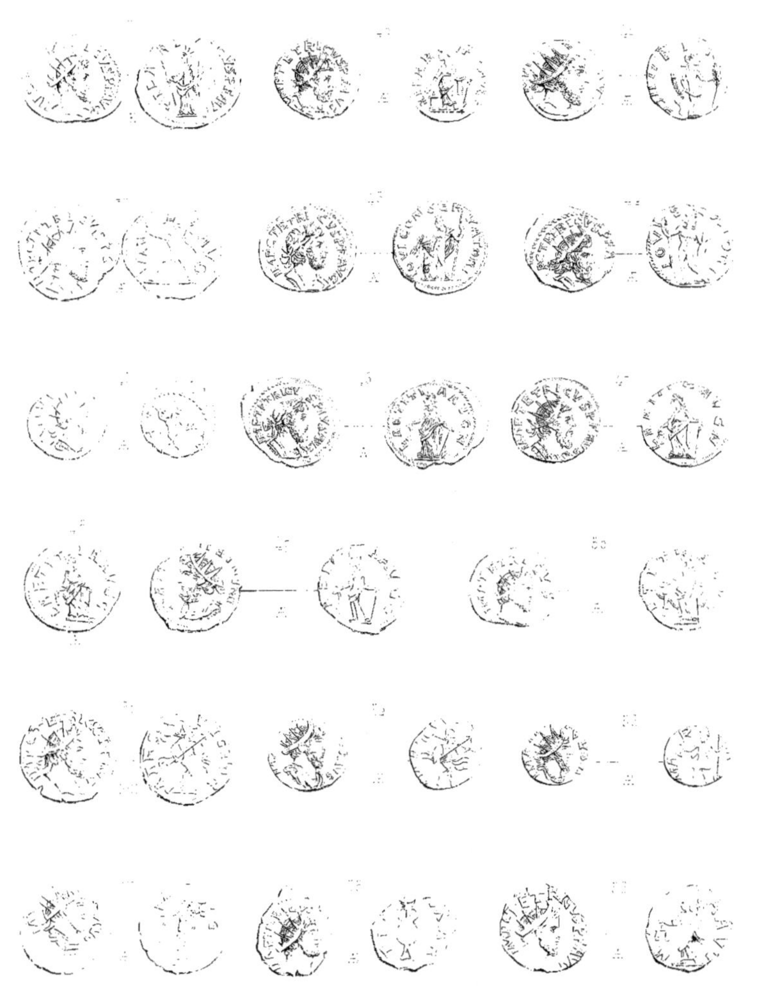

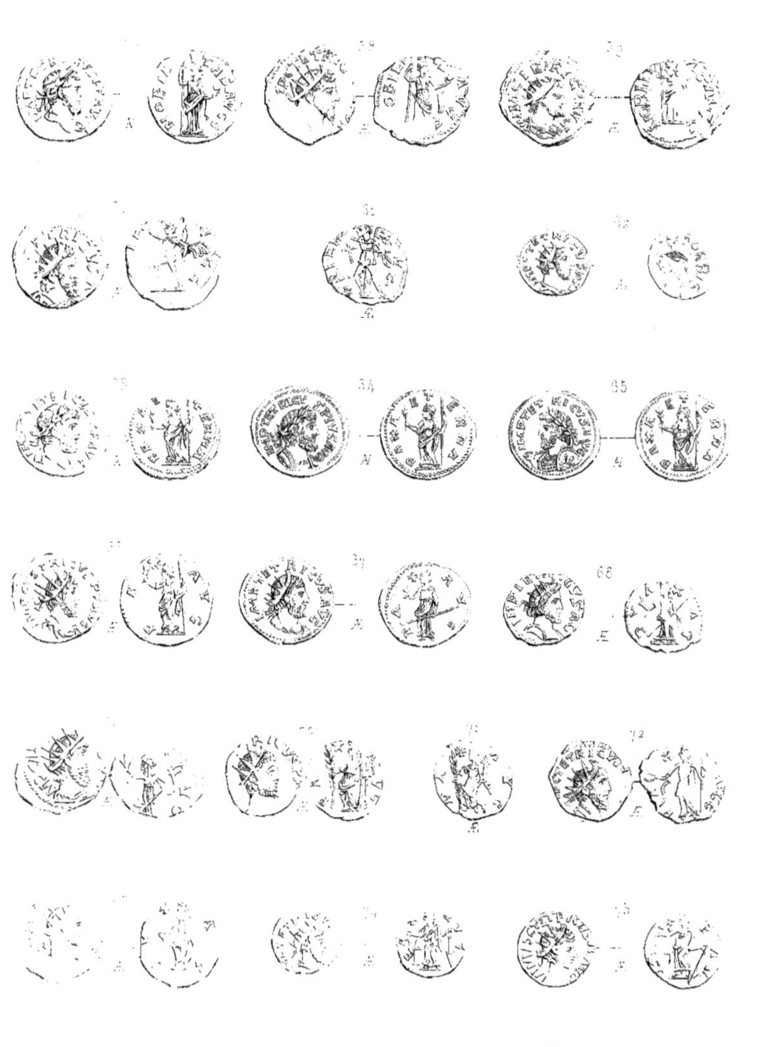

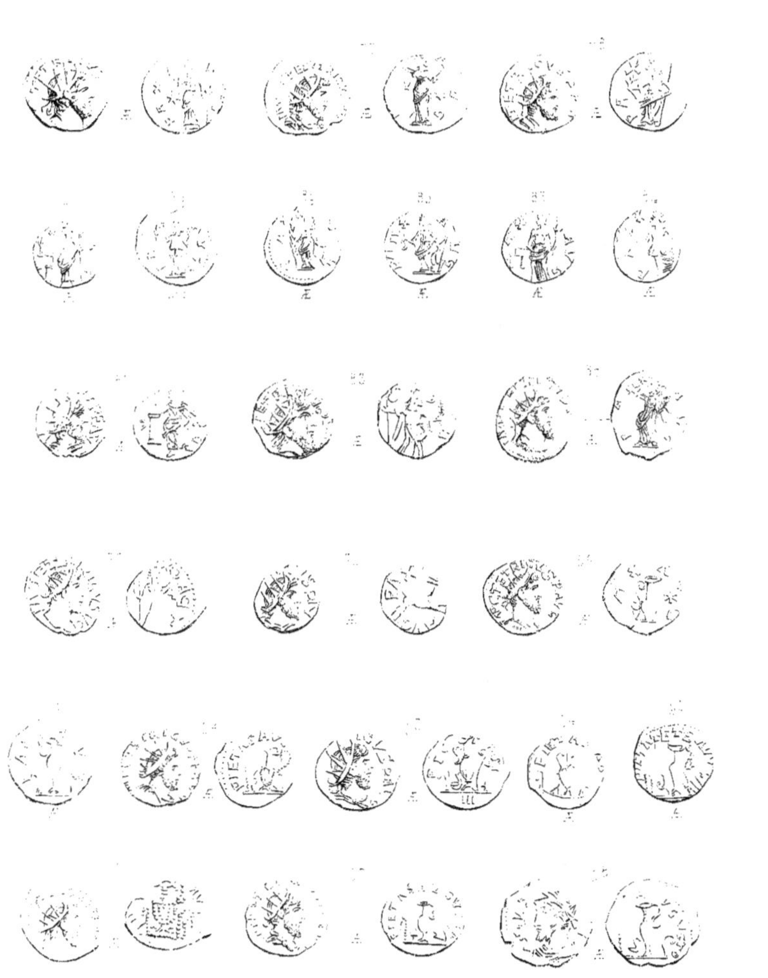

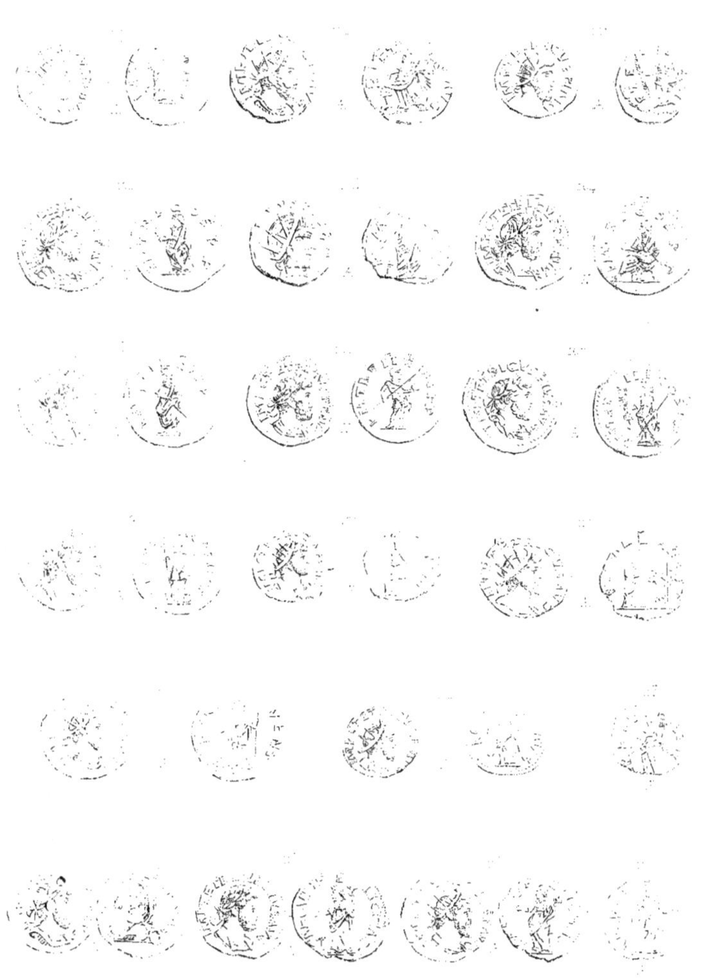

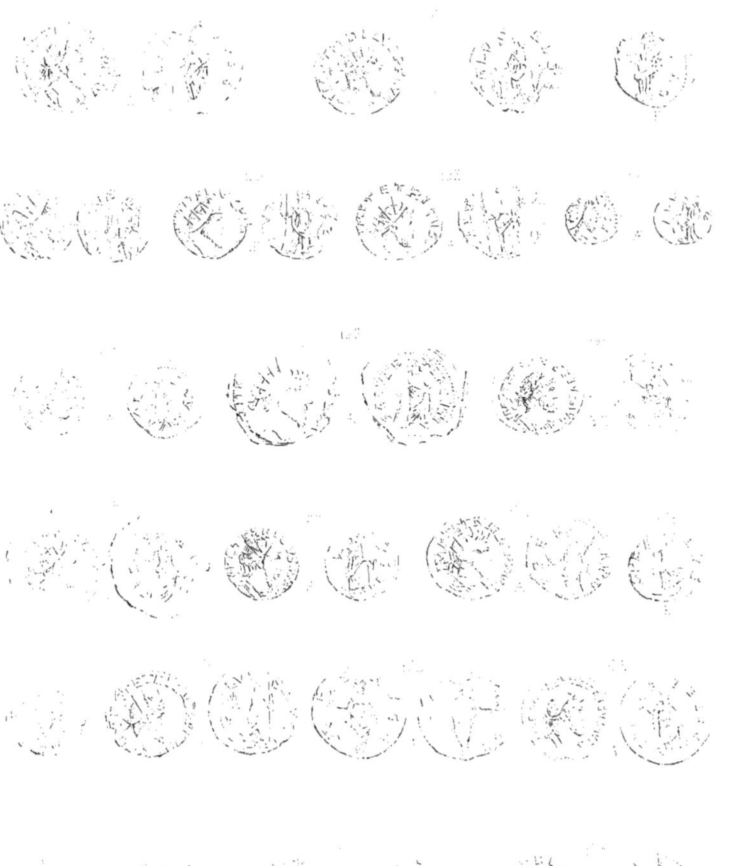

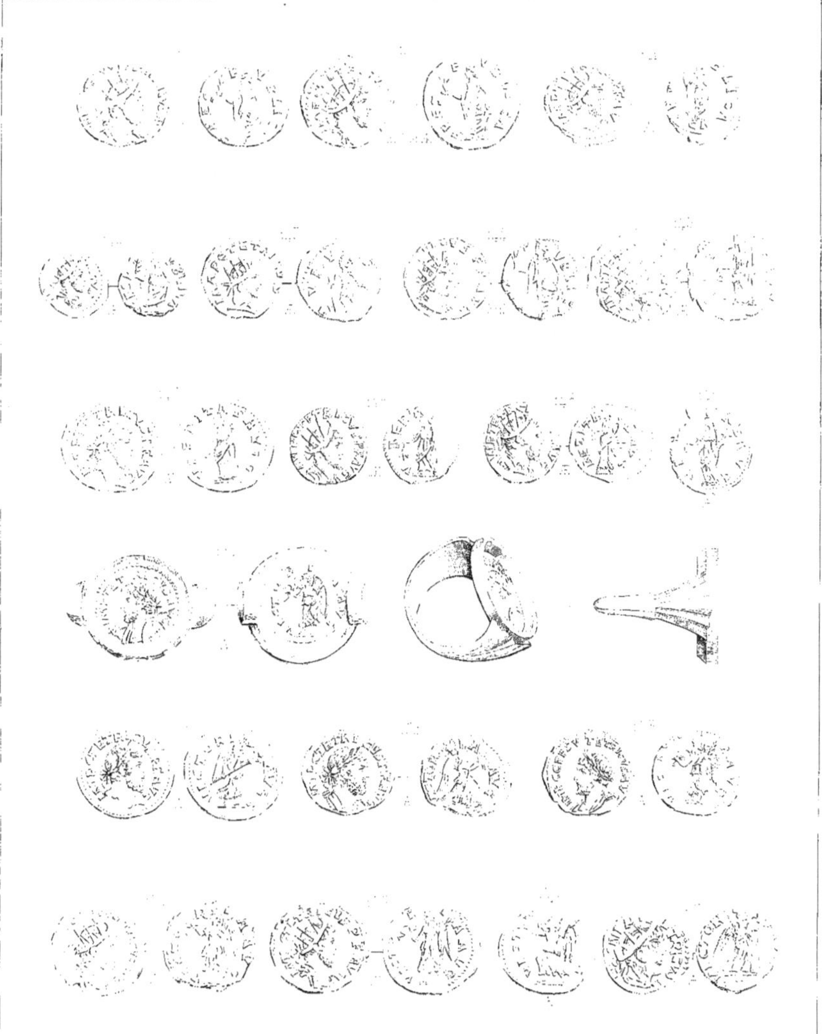

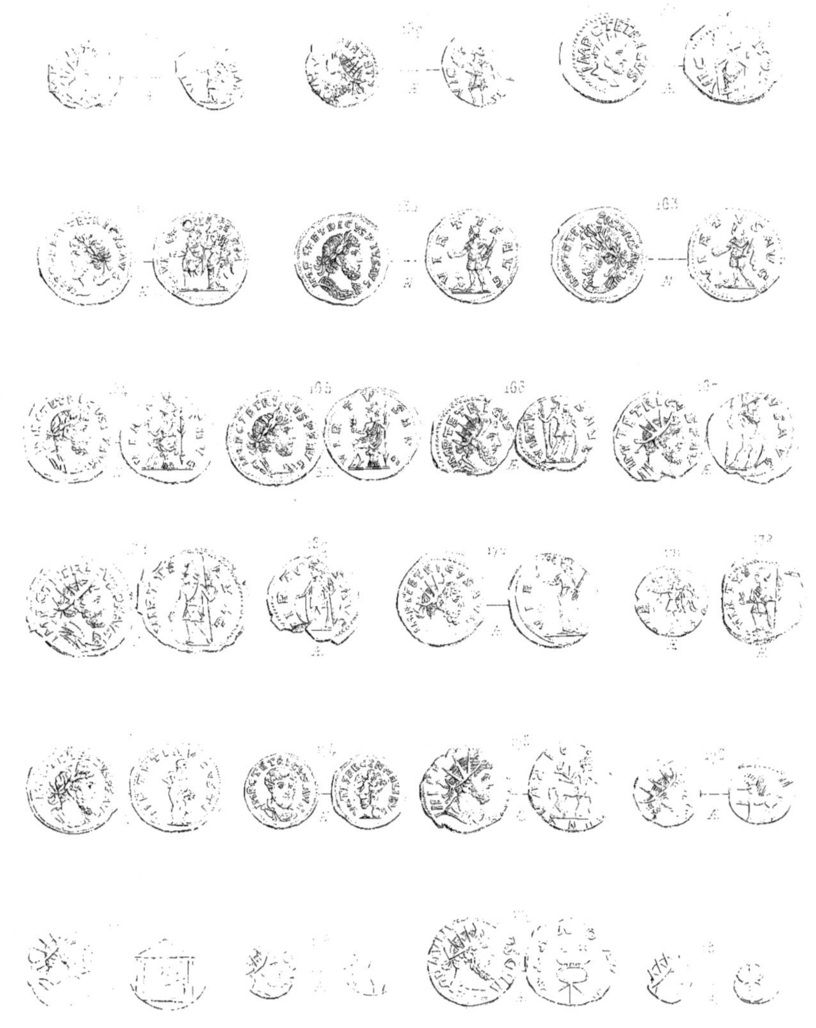

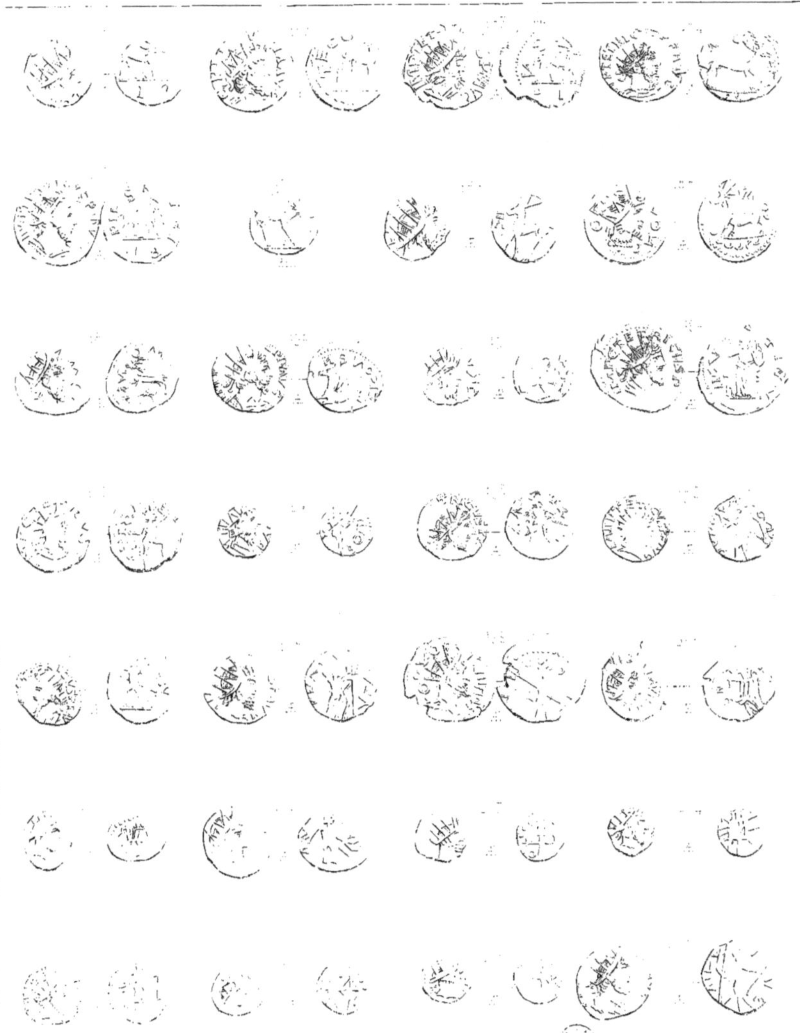

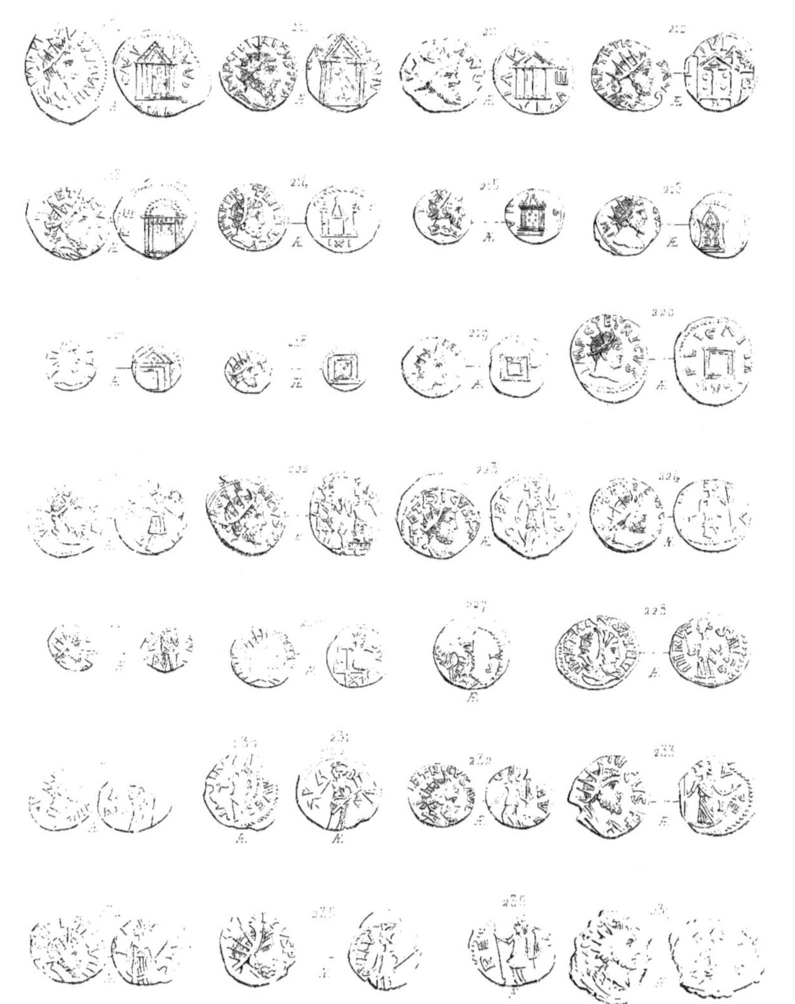

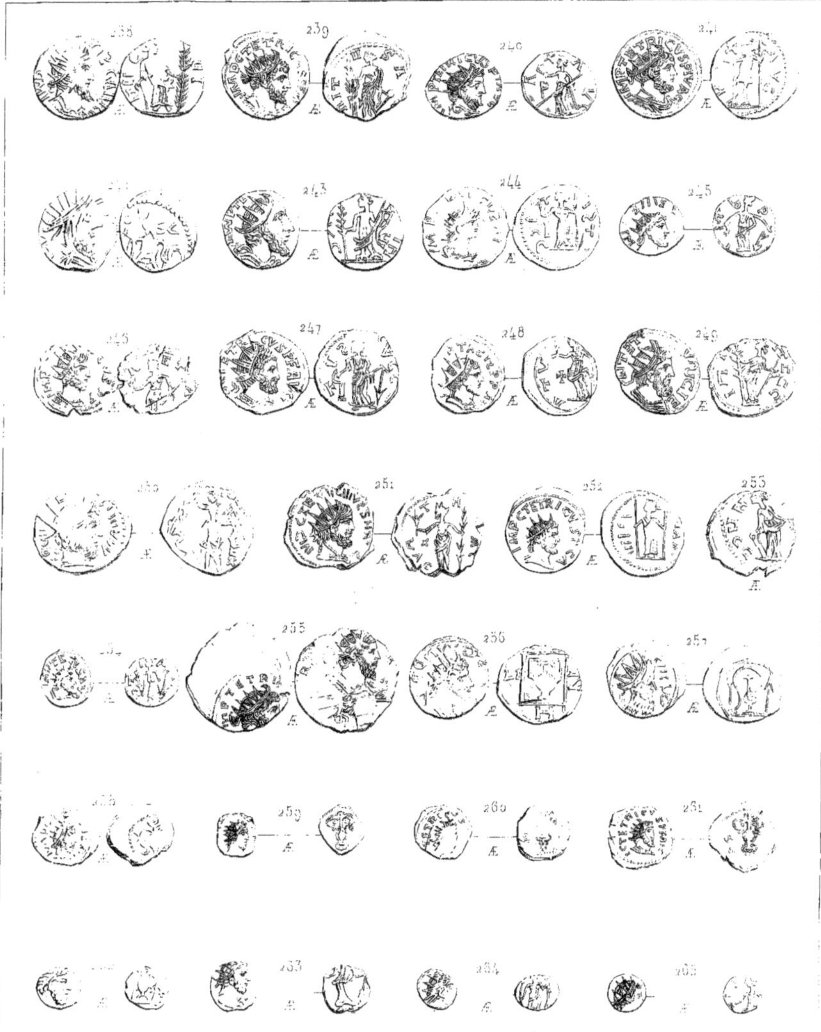

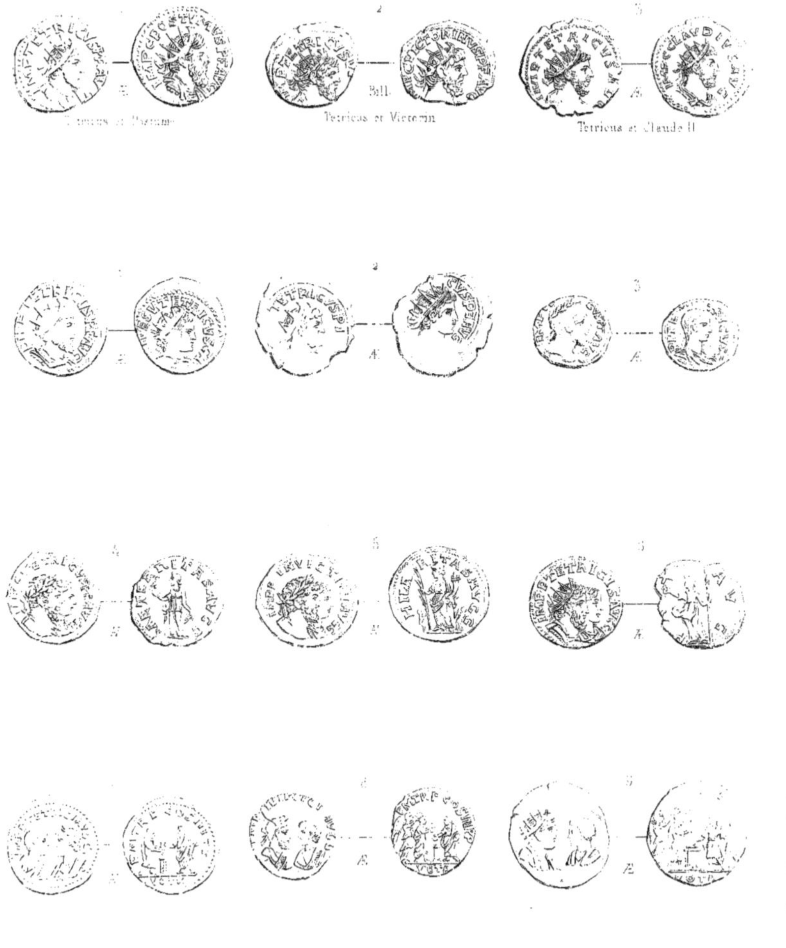

TÉTRICUS PÈRE ET FILS.

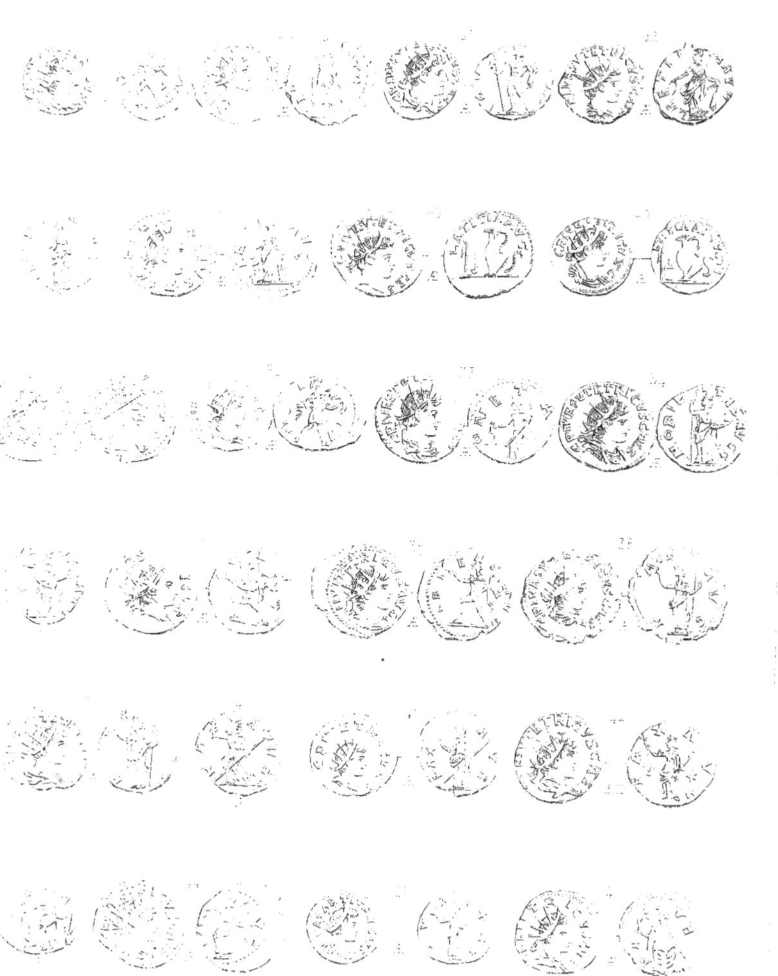

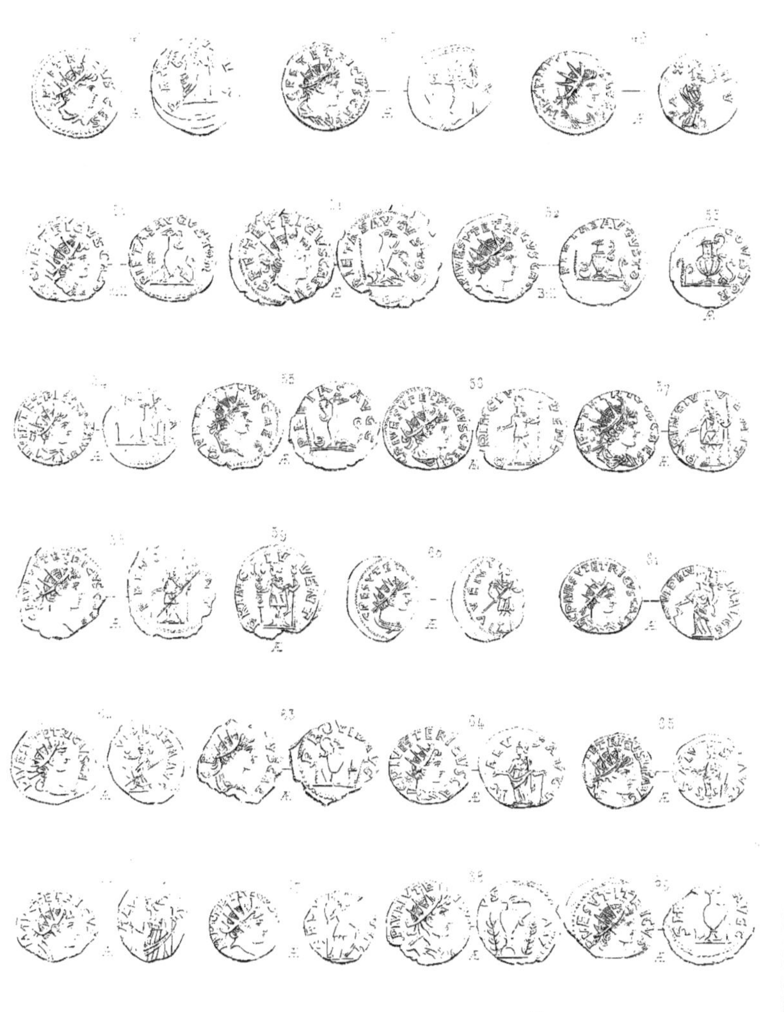

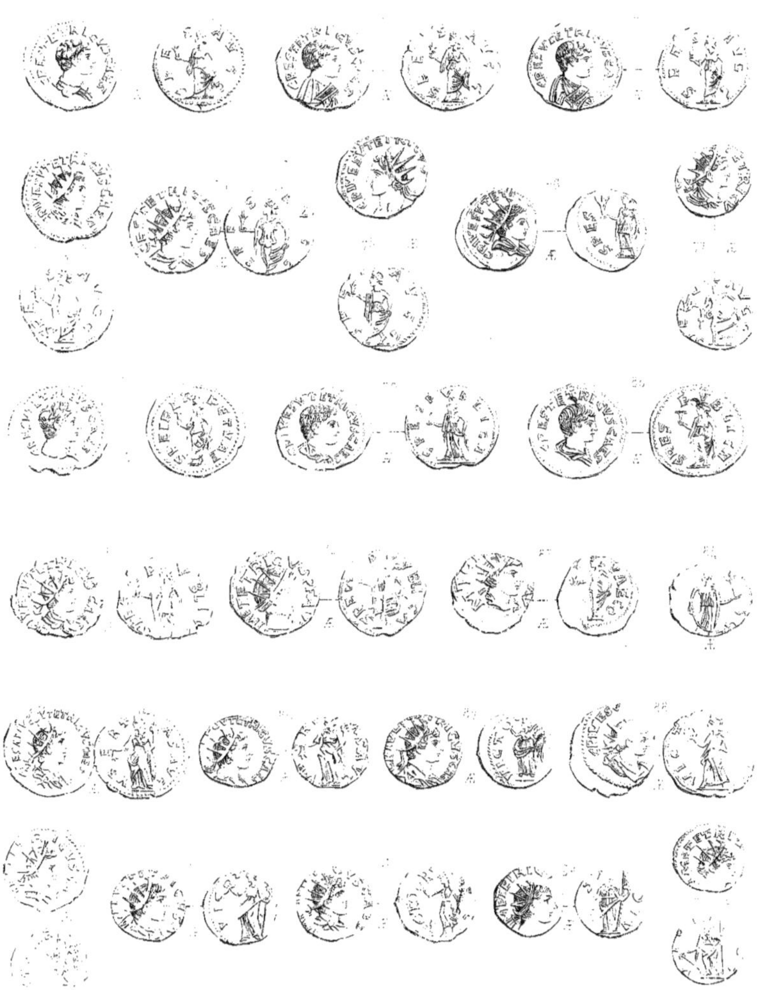

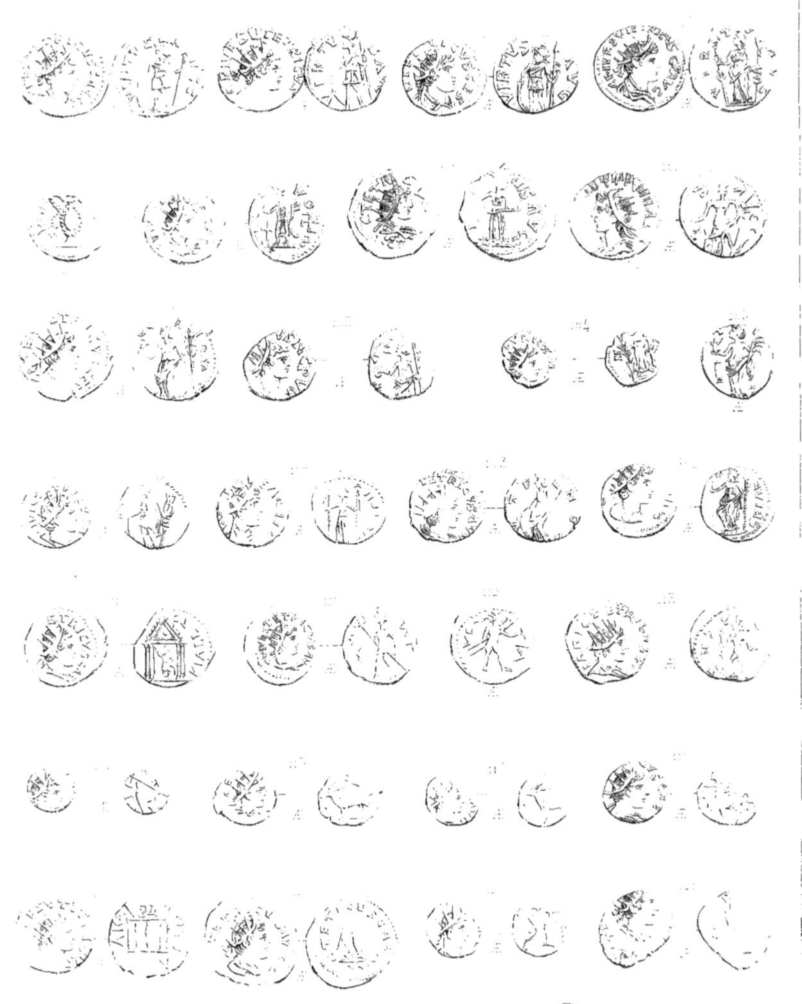